阎崇年/主编

谢 辉/编著

U0582276

风云人物

先秦卷

知识出版社
Knowledge Publishing House

图书在版编目（CIP）数据

历史风云人物. 先秦卷/谢辉编著. —北京：知
识出版社，2018.1

ISBN 978-7-5015-7753-8

Ⅰ.①历…　Ⅱ.①谢…　Ⅲ.①历史人物—生平事迹—
中国—先秦时代—青年读物②历史人物—生平事迹—中国
—先秦时代—少年读物　Ⅳ.①K820.2-49

中国版本图书馆CIP数据核字（2013）第255408号

丛书编辑：王　宇　鞠慧卿

本书责任编辑：赵　焱

责任印制：魏　婷

知识出版社　出版发行

（北京阜成门北大街17号　邮政编码：100037　电话：010-68315606）

网址 http://www.ecph.com.cn

新华书店经销

三河市双升印务有限公司

开本：710毫米×1000毫米 1/16　印张：12.25　字数：140千字

2018年1月第1版　2023年8月第3次印刷

ISBN 978-7-5015-7753-8

定价：38.00元

本书如有印装质量问题，可与出版社联系调换

引 言

拂去岁月风尘，翻开历史长卷，追溯到先秦，政治、文化、科技、人才诸多方面繁荣兴旺。走进先秦时代，犹如观景入林，目不暇接，沿路每个人物，都是颗闪亮的星星，在黑暗的夜空里，闪耀着耀眼的光芒。

先秦，是一轮冉冉升起的朝阳，它使大地焕发盎然生机；是华夏文明的源头，它开启中华文明记忆的篇章。五千年来，华夏儿女谱写了一曲人文传承的赞歌。女娲造人，伏羲画八卦，人类开始繁衍生息；黄帝定九州，开启华夏文明之路；尧舜禹三代圣王，禅让制美名传遍天下；夏启建国，从此之后家天下，中国进入新的生产力时代。

此后，中国进入奴隶制国家政权更迭时期，夏朝近500年江山，经不起商汤的振臂一呼；商朝500多年基业，牧野一战成为过眼云烟，周王朝由此开端。原以为能江山永固，不料风云突变，西北山戎攻入中原，中原各路诸侯联兵还击，周平王继位，周王室却风光不再，大权旁落诸侯，又一个新的时代来临。

1

春秋战国，一个十足的乱世。然而乱世中，最不缺少的是英雄：他们是睥睨天下的霸主，如尊王攘夷的齐桓公、流亡得位的晋文公、称霸西陲的秦穆公；他们是有勇有谋的贤臣良将，如匡扶周室的姜尚、为后代将者楷模的乐毅、所向披靡的白起；他们是博学多才的文人，如万世师表的孔子、留下《道德经》的老子、《离骚》传遍天下的屈原；他们是科技巨匠，如医学鼻祖扁鹊、水利专家李冰等。乱世斑驳，却因为这些耀眼人物而无比精彩。

每当提及先秦时代的这些风云人物，总有种说不出的自豪感。活在当下，我们有必要将那些鲜活的面孔呈献给大家。为此，笔者从浩瀚的先秦历史中，选取了30余位永载史册的代表人物，以帝王、将相、文化名人、科技巨匠四个方面，呈献给亲爱的读者，使读者走进先秦，感受先秦人物的魅力，进而以先秦人物为榜样，努力拼搏、奋力进取，最终达到古为今用、开卷有益。

目 录

第三编
文化名人留书香

第四编
科技巨匠谱新篇

第一编
治世兴衰话帝王

　　天地混沌初开，皇者伏羲从亘古时代走来，将瑰宝八卦图带到人间；女娲泥捏男女，采七彩石补天，从此天地平稳，人类开始繁衍生息。

　　神农为救天下百姓，以身试药，舍生忘死尝百草，为后世留下第一部药典；轩辕大帝平四海，华夏文明由此开启；尧舜禹三代贤王，禅让留下千古美名；夏启、商汤开明君表率，赢取后代赞颂；夏桀、商纣暴君之名，遗臭万年；春秋五霸雄姿英发，独领风骚；战国七雄前仆后继，逞一时豪强……

　　这样的时代里，有些帝王往往都是短命的，今朝执掌天下牛耳，明日就有可能回归苍茫。帝王神话，无以多加言论，但纵论后来之故事，明君兴邦也好，暴君失国也罢，都在证明：这是一个名副其实的春秋乱世。

▲ 伏羲像

▲ 女娲像

创世始祖

伏羲、女娲

■名片春秋

伏羲与女娲是人祖。相传伏羲女娲本是兄妹，后来为了繁衍人类，兄妹俩成婚。伏羲、女娲与神农共称为"三皇"，伏羲龙身人首，教民渔猎，创制八卦，被尊为中华民族的人文始祖；女娲人首蛇身，抟土造人，炼石补天，被尊为女娲娘娘和婚姻女神。

■风云往事

◇伏羲画卦　始立天下◇

伏羲，庖牺氏，风姓，龙身人面，是人类的初祖，也是上古时代的三皇之一。他的别名叫宓羲、庖牺、太昊、伏牺、皇羲或羲皇。

有关伏羲故里的说法不一，众说纷纭。古籍记载说伏羲生于甘肃天水一带的成纪，考古学家说他出生在四川阆中，民间说他出生在甘肃甘谷县白家湾乡蒋家湾村的古风台太昊山。据宋代的《路史》记载，伏羲的母亲叫华胥。当华胥还是一个少女的时候出去游玩，突然看到了雷神的大脚印，感觉很有意思，她就站在那只大脚印上使劲踩，没想到肚子里微微一震，竟然就这么怀上了伏羲。她足足怀孕12年，才在仇夷这个地方把伏羲生了下来，伏羲一生下来就长着人首龙身。

据说古代的龙蛇不分，所以伏羲就被与道家联系了起来，说蛇的族人本来就是"道"字的古体字，再加上伏羲演化先天八卦，这样伏羲更是理所当然的道家始祖了。

更有甚者，据闻一多考证伏羲只是一只葫芦。传说伏羲是开天辟地的盘古的化身，"盘"字古代的意思是开端，而"古"字指葫芦，这样就把伏羲当成了葫芦，也把伏羲当成了盘古的化身。而葫芦又与糊涂同音，混沌即为糊涂，而伏羲在文字训诂里考证也就是"元气"，那么混沌—糊涂—葫芦—盘古—伏羲—元气，绕来绕去混沌就是元气，元气就是混沌的状态。《述异记》里就写道："盘古氏夫妻，阴阳之始。"

《太平御览》记载，在天地未分，宇宙未判之际，天地好似一个鸡蛋，鸡蛋的外面都是水，而盘古就在这个鸡蛋里面，他一天就能够变化九次。据说盘古一觉醒来，突然发现周围黑茫茫一片，随手摸起一把大斧头一挥，这样宇宙就渐渐地被分开了。经过了一万八千年的演变，轻盈的阳气上升成了天，重浊的阴气慢慢地下降凝结成了大地。天一日就能高出一丈远，而大地一日也能够增加一丈多厚，盘古一天也能够长一丈长。这样，又过了一万八千年，天高地远，盘古化性分身，阴阳道立，天皇、地皇、人皇出现，伏羲就是人皇氏，也就成了盘古下生凡界的元神。

伏羲生于上古，历代把伏羲作为"三皇之首""百王之先"。他是脱离神界的第一位人祖。他

▲ 伏羲女娲交尾图

故渎东经成纪县，故帝太皥庖牺所生之处也。
——《水经注·渭水》

3

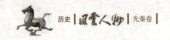

盘古开天地

天地浑沌如鸡子,盘古生其中。万八千岁,天地开辟,阳清为天,阴浊为地。盘古在其中,一日九变,神于天,圣于地。天日高一丈,地日厚一丈,盘古日长一丈,如此万八千岁。天数极高,地数极深,盘古极长。后乃有三皇。数起于一,立于三,成于五,盛于七,处于九,故天去地九万里。

——《艺文类聚》卷,引自《三五历纪》

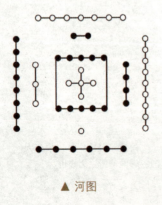

▲ 河图

披肩散发,生而神明,身着鹿皮,教人们用兽皮缝制衣服来抵御寒冷。

据说,有一天,伏羲正在整治黄河,突然有一匹龙马从河中飞出,匍匐在他的脚下。龙马身覆龙鳞,背负"河图"。伏羲根据"河图",俯察地形,仰观天象,近取于身,远取于物,发明创造了以"乾、兑、离、震、巽、坎、艮、坤"为内容的八卦。

伏羲一画开天,演画八卦,这就是中国古文字的开端,后又有仓颉根据伏羲画卦进行造字。这就使得还处于茹毛饮血时代的人们结束了"结绳记事"。他又创造发明结绳为网,教人们用网来打鱼,用网来捕鸟打猎。不仅如此,他还发明了瑟,制作了《驾辨》的乐曲,把人们逐渐带入文明时代。伏羲还由燕子搭巢,引发联想,学会了建造房屋,结束了人们穴居野外的生活。

◇女娲造人 炼石补天◇

女娲,伏羲的妹妹,上古神圣之女,也是三皇之一,人面蛇身,一日七十变。人们又称她为女阴、女娲娘娘。女娲是被尊为中华民族的伟大母亲,中华民族的创世神和始祖神。传说女娲抟黄土造人,并配置婚姻,人类始繁衍。后来,女娲又炼石补天,拯救百姓。

也有传说认为女娲与鸿钧老祖、混鲲祖师、陆压道君是师兄妹。他们都是创世元灵的徒弟。女娲修成了"玄空气"——无上之道。她的法术高深莫测,但是她一般不爱说话,生性孤僻,经常独自一个人到处游走。当盘古一把斧头开辟了天地之后,女娲想到天地之间仍是一片蛮荒,渺无人烟。于是,她转投圣胎,转化成了伏羲的妹妹,与人皇伏羲一起治理天下。女娲一天能够变化70余次,她用自己的神通化生了万物,但是总感觉天地之间缺少一种灵

▲ 女娲造人

性的族类。于是，她开始抟土造人，用泥捏成了一
个个的小泥人，然后用自己修炼成的"玄空气"，把
灵气吹入泥人的体内，泥人就欢蹦乱跳了起来。但
后来她忙不过来了，而且感到特别劳累，就用一根
绳子沾着泥巴，然后使劲一甩，甩出了千千万万的
泥点。不一会儿工夫，这些泥点都变成了人，这些
人有了鲜活的生命，并称女娲为自己的母亲。女
娲看到自己创造出的人，心里十分欣慰，可是再
想到这些凡人终归还是一死，他们死后人类如何
继续繁衍呢？于是，她又到神祠中祈祷做媒婆，
这样她就给这些泥人男女开始婚配，人类的繁衍
由此而来。

　　女娲本想造人会很好玩，但是仍然不能排遣寂
寞，于是，她就利用匏（葫芦的一种）造出了乐器

南海之外，黑水青水之间，
有木名曰若木，若水出焉。
　　——《山海经·海内经》

5

▲ 共工触山

往古之时，四极废，九州裂，天不兼覆，地不周载；火爁焱而不灭，水浩洋而不息；猛兽食颛民，鸷鸟攫老弱。于是女娲炼五色石以补苍天，断鳌足以立四极，杀黑龙以济冀州，积芦灰以止淫水。苍天补，四极正；淫水涸，冀州平；狡虫死，颛民生；背方州，抱圆天。

——《淮南子·览冥篇》

笙。当人们寂寞无聊的时候，女娲就用笙来使他们欢娱。

伏羲死去之后，女娲继承了伏羲的制度，继续领导人们。伏羲时期有一个水神，名叫共工。它也是人面蛇身，长着红色的头发，身高一丈多，力大无比，性情残酷、暴躁、贪婪。伏羲在位的时候，碍于伏羲的权威，他不敢乱来。伏羲去世后，他便无法无天起来。

共工拥有广大的封地，但他依然不满足，竟然要和祝融争夺地盘。但共工不是祝融的对手，最后被祝融彻底打败。共工本来就性情凶残，加之被祝融打败更是火冒三丈，便直接用自己的铜头铁臂撞击不周山。不周山是一座撑天的柱子，共工把不周山一下就撞倒了。顿时天塌地陷，天地之间发出了一阵惊天动地的巨响。天地开始倾斜，西北方开始高了起来，那里成为日月星辰经常归向的地方，大地也跟着倾斜，东南方低了起来，所有的江河都滚滚地向东流去。大地裂开，天空也出现了大窟窿，海水向着陆地涌来，山林燃起了熊熊的大火。

人类面临着灭顶之灾，天下苍生四处奔跑，寻找生路。人们跑到山林里，又被那些毒虫猛兽残害。人类面临着一场生死浩劫，有的人被洪水淹死，有的人被猛兽咬死，还有的被活活烧死。

女娲眼看着自己造出的人类惨遭劫难，痛苦不已。为了终止滔滔的洪水，拯救天下苍生，悲天悯人的女娲下定决心补天。她精选了红、黄、蓝、白、黑五彩灵石，然后架起火炉，把石子烧成了熔浆，用这些石浆把天空补好。随后，女娲又从深海中找到一只晚年的巨龟，砍下了巨龟的四条腿，把这四条腿当作支天柱，把天支撑了起来。这样天地才重新回归宁静。

与此同时，女娲还斩杀了兴风作浪的黑龙，但洪水还在肆流，女娲只得把漫山遍野的露草收集起来焚烧成灰，用来堵肆意奔流的洪水，从此人们又过上了太平安乐的生活。

女娲炼石补天之时，有一块石头不甘心做补天用，偷偷地从女娲的手心跑了出来，而这块石头就是后来的石猴孙悟空。而女娲补天也只用了 36 500 块，还剩下一块，这块灵石落在青埂峰山下接受天地日月精华，最后被渺渺真人携下人间演出一段奇闻《石头记》：

无才可去补苍天，枉入红尘若许年。

此系身前身后事，倩谁记去作奇传！

据说女娲在造人之际还曾在西天灵河岸边竖起一块硕石，没有想到这块石头后来竟然直插苍天。巨石被两条生出的神纹隔成了三段，代表着天地人三界的分化。

这块石头就是后来的三生石，女娲让这块石头掌管人间天上一切神灵的姻缘轮回。后来女娲又怕它在天界生出邪念，滋生魔性，就把它压在了鬼门关。从此，人间天上的奇妙姻缘，前生、今世、来生的缘分和合都由它掌控。

▲ 广东深圳女娲炼石补天塑像

◇兄妹成婚 人类诞生◇

关于伏羲与女娲创造人类，民间还有许多传说。据说玄玄上人是天地未判、宇宙不分之时的创世元神。当他的元神化身盘古时就使得天地出现，阴阳开始交替，五行错综，他利用自己的混元一气，在体内生成了大地圣母和大地圣父。

之后就化生了无极理天，在无极理天中，玄玄上人化成了黄老、木公、金母、赤精子和水精子。当化成黄老时，天地之间闪现出一道金光，一个高约一丈的金人出现。玄玄上人对着金人呼道："我已经怀抱你很久很久了，现在我用混元一气先炼出你，

▲ 陕西西安华胥陵

▲ 伏羲与女娲

你的名字就叫作黄老。"玄玄上人又相继化生了水精子、赤精子、木公和金母。

玄玄上人又下命让五老创造天下万物，这样黄老就把运生元灵的事交给了木公和金母。黄老在昆仑山上找到一个小的山坳。他把这个山坳作为丹丘。先用山上的黄土做了一个炼就元灵的炉子，并把炉底的垫子做成方形，把炉盖做成了圆形，这样正好代表了天圆地方。木公用山下的五金的精华提炼出了三足鼎，金母则用五土之神提炼成了偃月炉。

水精子劈开巨山，随着玄英之石流出了真水。他在炉内倒入真水，把土放在了炉的正当中，然后将金鼎盖在上面，这时，木公钻取真火烧炼丹炉。

在烧炼的时候，没有想到炉底漏了气。结果漏出来的气，由于没有受到真气的锻炼就化成了胎生、卵生、湿生的动植物等万类族群。当炉内融合升降，精光闪耀之时，五老就撤去鼎盖，知道丹已炼成，金母看到两个小孩合抱在了一起，她随手拿出一个一看，阳象的就是婴儿，木公也跟着拿出来阴象姹女。婴儿姹女跳到了地上，后来两者结为夫妻，生就了伏羲、女娲，二人就成了凡间人类的始祖。

还有一种传说，伏羲、女娲都是华胥所生。当时正是天下洪水泛滥时期，整个世界都是一片汪洋，伏羲、女娲藏在一个巨大的葫芦内得以生还。

在昆仑山下，只剩下了伏羲、女娲两个人，伏羲打算和自己的妹妹女娲结成夫妻繁衍人类。可是女娲说："如果天上的风烟聚希，我们的头发缠在一起，磨盘滚到了一处，我就嫁给你。"没想到女娲所说的都成了现实。这样一来女娲就不得不答应了，她又说道："咱们围着山跑，如果你追上我了，我就嫁给你！"在比赛中，土地公帮了伏羲一把，他让伏羲转过身朝女娲那边跑，结果伏羲和女娲最终碰面了。

女娲信守承诺，嫁给了哥哥伏羲，女娲害羞得用手帕盖住了脸，所以古代新娘出嫁时都要盖上红盖头。

■ **历史评价** ▏

伏羲与女娲是传说中人类的始祖。伏羲取火种结束了人们茹毛饮血的历史，创八卦，标志了文字的起源，结束了结绳记事的时代。他还教会人们打鱼、狩猎，使人类由原始的狩猎状态走上了畜牧业生产的时代。女娲抟黄土造人，使天下始有人类，配男女成婚让人类生息繁衍万代长存，她制定了婚配制度，成为人们心目中的婚姻女神和生育女神。她还炼石补天，止洪水，拯救苍生，造福天下百姓。

伏羲、女娲所创立和倡导的古代文明逐渐形成了炎黄部落圈，华夏民族也就从此诞生。

■ **大事坐标** ▏

新石器时代中晚期 ↕ 传说伏羲发明了八卦，女娲抟土造人，并在洪水时期炼石补天。

■ **关系图谱** ▏

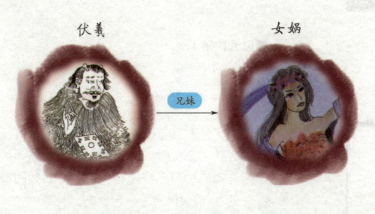

伏羲 ——兄妹——→ 女娲

人文始祖

神农、黄帝

■ 名片春秋 |

神农与黄帝为远古时代的皇者。神农，也称燧人氏，炎帝部落的首领，与伏羲、女娲并称为"三皇"。黄帝，公孙少典之子，因出生在姬水河畔，改姓为姬，后迁移至轩辕之丘，号轩辕氏。黄帝期间，创造出文字，发明指南针，打败蚩尤，统一天下，成为天下共主，被后人尊为"上古五帝之首"。

▲ 神农像

▲ 黄帝像

■ 风云往事 |

◇ 为救族人　尝草而亡 ◇

神农，人首牛身，身高八尺七寸，曾任职炎帝部落酋长。在位时，他首创了农业和医学。人们为了纪念他的功劳，将他与伏羲、女娲共同尊为"上古三皇"，香火供奉，永世不断。

相传上古时期，人们能够食用的东西十分有限，主要靠采摘野果和猎取鸟兽为生。有时候吃了不该吃的食物，导致身体中毒，严重的还有可能被毒死。

神农作为部落首领，见部众死伤无数，内心十

▲ 山东嘉祥武氏祠内神农画像石

分悲痛，决心想办法解救他们，使他们摆脱疾病的困扰。他想了很多的办法，如日晒、冷冻、火烤等，但部众们的身体未见好转。无奈之下，神农决定带人们出去寻找良方。于是，他率领一些部众离开营地，去向未知的西北方。

时光飞逝，岁月如梭。他们翻过险峻的大山，穿越湍急的河流，走了很久很久，脚上都起了茧子，仍然没有找寻到救助病人的良方，但神农仍然没有放弃。他坚信他们最终必将觅得良方，便鼓励部众继续赶路。

一天，神农等人在一条小路旁，停下了脚步。原来，他们看到了远方的一座大山，山前的小径，一直伸向大山的深处，道路两旁是险峻陡峭的山崖，上面覆盖的是漫山遍野的鲜花，山风徐徐吹来，似有香气扑鼻，令人陶醉不已。

▲ 台湾桃园神农氏像

神农大喜，带领部众快速前进。就在这时，远方忽然传来阵阵动物嚎叫的声音，紧接着，一群虎豹冲了过来，将他们团团包围。神农临危不惧，命令部众拿出神鞭，向虎豹挥去。就这样，战斗持续了一天一夜，他们才将虎豹赶走。最后大家疲惫地坐在地上，气喘吁吁。

部众们都劝神农回去，因为他们认为前方凶多吉少。神农却说："我们肩负重任，怎么能回去？难道我们忘记了挣扎在病痛中的亲人了吗？"言罢，站立起来，继续向前走去，部众们对自己的行为很羞愧，急忙起身跟了上去。

马不停蹄地赶路，大量消耗着人们的体能。神农带领的部众中，就有几个人开始生病了。有的咳嗽，有的腹痛难忍，所幸这种情况并没有持续太久。

神农带着部众进入大山后，看着眼前的奇花异草，便将各种花草摘了，逐一品尝，感觉其中酸甜苦辣的味道。他尝试着将稍显苦涩的花草，给咳嗽不止的人服用，结果咳嗽的人竟然不再咳嗽了；再将带有

神农氏，姜姓以火德王。母曰女登，女娲氏之女，恝神龙而生，长于姜水，号历山，又曰烈山氏。
——司马贞《三皇本纪》

▲ 神农尝百草

神农氏作蜡祭，以赭鞭鞭草木，尝百草，始有医药。
——《史记·补三皇本纪》

些酸味的花草，给肚子不舒服的人服下，肚子不舒服的人也不再像之前那么难受了。

神农高兴极了，觉得这是拯救黎民百姓的好办法，便决定遍尝百草，为更多的人治病。于是，他率领部众搜寻不同的花草，然后亲身试验花草的药性。然而这是一件十分危险的事情。有时候在一天之内，他竟多次中毒，疼得死去活来，痛苦万分。但是，他凭着救人的信念以及强壮的身体，硬是扛了过来，再次投入到尝试百草的过程中。

山川秀美，草木繁盛，大地上的花草品种实在难以胜数。神农为了加快尝试百草的速度，制造了辨别百草的神鞭，即"赭鞭"。后世《搜神记》中曾记载："神农以赭鞭鞭百草，尽知其平毒寒温之性。"他用赭鞭来回抽打各种花草，在这过程中，花草有毒没毒，是甜还是苦，有什么药性，都会一一显露出来。神农就利用这种神鞭，验证了许多花草的属性，将无数病人从死亡之边缘拉回。

渐渐地，他尝试过的花草越来越多，对一些花草的药性也了如指掌，他将这些经验传授给身边部众，让他们先将药草带回，去救助病痛中的族人，自己则继续在山中试药。

一天，神农在山峰峭壁攀爬的过程中，发现石缝里有一株开满黄花的植物。他之前从未见过这种花草，顿感稀奇，便不管三七二十一，连同花株囫囵地吞到肚子里面。他刚将花朵咽下，就觉得肚子疼痛无比，豆粒大的汗滴唰唰洒落。最终因这种花草是剧毒植物，他毒发身亡。

后来，人们为了纪念神农，将他仙去的地方命名为"神农坛"，并在其上修建了庙宇，庙里供奉神农的塑像，万世供奉，香火不断。后人假托神农之名编撰了《神农百草》。这是现存最早的中药经典著作——《神农本草经》。

◇鏖战群雄　统一华夏◇

黄帝，其父为公孙少典，母为附宝。因出生在姬水河畔，改姓姬。后迁居于轩辕之丘，号轩辕氏，因创业在有熊，又号有熊氏。因其有土德之瑞，土色黄，故称黄帝。他统一了整个华夏民族，因而被载入史册。

上古时期，九州中产生三大部落，分别以黄帝、炎帝、蚩尤为首。其中，黄帝和炎帝两大部落实力最为强大。黄帝和炎帝是同父异母的兄弟，他们分别居于关中地区和河南一带，然后不断向今华北平原以西发展。与此同时，居于山东地区的蚩尤不断骚扰华北地区。于是，三大部落之间的一场冲突在所难免。

不久，蚩尤联合夸父部族，向靠自己最近的炎帝部落发动进攻，扩张领土。大军长驱直入，打得炎帝军队连连后退，炎帝只好向黄帝部落求援。

闻知此事，黄帝立即出兵帮助。正在追赶炎帝部众的蚩尤大军与黄帝部落在涿鹿地区遭遇。当时，蚩尤共率领部族72支，而且其部众大都生活在蛮荒之地，生活环境比较凶险，故都练得一身好本领，战斗力极强，所以蚩尤在军事力量上占有绝对优势。

▲ 河南沁阳神农坛风景名胜区

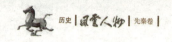

于是，自恃兵强马壮的蚩尤首先向黄帝部众发动了进攻。

黄帝的实力也不容小觑，率领以熊、罴、狼、豹、貔、貅、貙、虎等为图腾的部落各支族，上前迎击。"夔牛鼓响，众神莅临，战歌长鸣，血色浩瀚。"战争爆发起初，蚩尤命令风伯雨师各展神通，一时间暴风降临，大雨倾盆，黄帝部族由于不适应这种环境被打得节节败退。

就在此时，黄帝的女儿旱神女魃施展神通，使得暴风骤雨瞬间停止，天气马上变得极其干燥。蚩尤部众长期生活在潮湿环境下，对这种天气极不适应，以至于他们的全部精力都放在解暑上，忘记了战斗。于是黄帝乘机下令对其发动猛攻。他们以指南针为引，驱赶蚩尤部众，黄帝手持长剑，取下蚩尤的人头，高挂在战车之上，蚩尤部众纷纷扔下兵器，向黄帝表示臣服。夸父企图做最后反抗，也死在应龙的剑下，黄帝部落取得了最终的胜利。

后来，蚩尤的部下刑天统领残部悄悄将蚩尤的尸体运到濮阳溪水坡下葬，并将他去世的这一天定为国难日。为替蚩尤报仇，刑天号令残余部众，再次向黄帝部落发动进攻。

但是，刑天很快被黄帝打败，并落了个人头落地的下场。然而，刑天人死志不屈，他以双乳为目，肚脐为嘴，双手挥舞着武器，再次向黄帝攻去。《山海经》有云："刑天与帝至此争神，帝断其首，葬之常羊之山。乃以乳为目，以脐为口，操干戚以舞。"但最终没有战胜。

黄帝先后除掉蚩尤、刑天后，将蚩尤封为"战神"，并将他的画像画在自己的战旗上，以此来威慑敌人，一些小部族见蚩尤这么厉害的人物都被黄帝杀死了，也就不敢再有异心，纷纷前来归顺依附黄

黄帝行德，天夭为之起。
——《史记·天官书》

▲ 蚩尤画像

帝。不久，黄帝便成了九州所有部落的总首领。

涿鹿之战时，炎帝在阪泉旁观，战事一结束，他反过来带兵反攻黄帝大军。他是想乘黄帝刚刚打完一场硬仗，全军处在疲惫之时，将其打败，从而夺取九州首领之位。

黄帝对炎帝的突然反目，有些疑惑，于是他到阵前劝阻炎帝罢战，但炎帝已经铁了心，黄帝不由仰天长叹："贞良而亡，先人余殃。猖獗而活，先人连祸。卑而正如增，高而倚者崩。山有木，其实屯屯。虎狼为猛可掮，昆弟相居，不能相顺。同则不肯，离则不能。伤国之神，神何不来？胡不来相教顺兄弟？兹昆弟之亲，尚何易哉！"他只好与炎帝再次开战。

黄帝部族虽然刚刚经过一场恶战，但并没有因疲惫而倦怠，反倒气势如虹。他手下应龙、风后、力牧等得力战将，纷纷施展神通，杀向炎帝部众。

炎帝部众虽然没有参加之前的涿鹿之战，体力充沛，但是黄帝斩杀蚩尤的气势，着实将炎帝的部下吓坏了，他们想，蚩尤那样厉害都不是黄帝的对手，更何况自己还是蚩尤的手下败将呢！因此，当他们看到蚩尤的画像出现在黄帝战旗上后，个个都吓得魂飞魄散，四散而逃。炎帝见形势不妙，只好暂时撤军。此后，炎帝一共向黄帝发起了三次攻击，均无疾而终。

炎帝对自己失去了信心，也反思起自己的过错，觉得对不起弟兄。此时，黄帝却突然率部众出现在他的帐前，炎帝与其部众猝不及防，全都成了黄帝的俘虏。至此炎帝对黄帝心服口服，甘愿俯首称臣，并开

▲ 陕西黄陵城北桥山黄帝陵

▲ 江苏铜山苗山村出土的黄帝升仙画像石

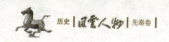
始协助黄帝治理家园。

阪泉之战以后，天下其他许多部落得闻黄帝神勇，纷纷乞求依附，并在不久之后，共推黄帝为天下共主。

■历史评价 Ⅰ

神农与黄帝是中华民族的人文始祖，都是世代相传的人物。相传神农三岁知稼穑，是农业的发明者，他为人类开辟了新的生产生活方式。神农还是医药之祖，他尝百草、写药经，为人类医学的发展奠定了必要的基础。黄帝激战蚩尤，降服炎帝，统一华夏民族，使生活在黄河两岸和漂泊在长江上下的族人，第一次紧密地联结在一起，成了一个不可分割的整体，共同携手走出蛮荒，开启了文明之路。

■大事坐标 Ⅰ

新石器时代晚期　↕　传说神农氏遍尝百草，积累了丰富的草药知识。
　　　　　　　　↕　黄帝打败蚩尤、炎帝，统一华夏，成为九州共主。

■关系图谱 Ⅰ

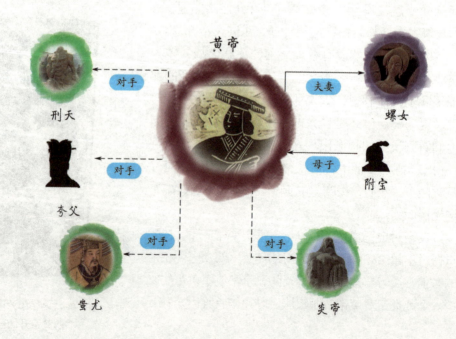

黄帝

刑天 —对手—
夸父 —对手—
蚩尤 —对手—
炎帝 —对手—
螺女 —夫妻—
附宝 —母子—

圣人帝王

尧、舜

■名片春秋 ┃

尧、舜都是远古部落联盟的圣王。尧,20岁胜任部落联盟首领,90岁让位于舜,开创禅让制先河。舜,姓姚,名重华,是继尧之后部落联盟的又一位首领,年迈时将王位传于禹。尧、舜两人因大公无私,先后禅让天下,受后人尊敬,一并被列入帝王之中。

▲ 尧像

▲ 舜像

■风云往事 ┃

◇尧帝盛名 让位于舜◇

据历史记载,帝喾有两个儿子——挚和尧,帝喾死后将王位传给儿子挚,但挚昏庸无能,失去民心,而尧仁德爱民,深受族众爱戴。因此部落众人纷纷离开挚,投奔尧。挚无奈,只得将王位传给尧。

尧即位后,定都平阳,开始治理天下。尧不但善于治理天下,还能知人善任,懂得发挥每个人的长处,有志之士纷纷前来投奔。例如,尧知道和氏、羲氏懂天文,就命两人根据日月星辰变化,制定出了相应的历法。

▲ 河北唐县尧帝石像

▲ 圭印，尧用来发号施令的信物

尧还善于接纳他人意见。他曾设立谏鼓。百姓如有冤情，可直接击鼓进言。另外，他还设谤木，让百姓直接批评君王。他说："我治理天下，要爱民护民。若是有人挨饿，就是我的过失；若是有人受冻，亦是我的过错；若是有人被冤枉，更是我不可饶恕的错误。"他对百姓关心备至，百姓们也十分拥戴他。

尧同样也是一个有勇有谋的君主。在位期间，共工、驩兜、鲧、三苗等部落蓄意造反。尧得知后，立即率军前往征讨。短短数月后，他们就会被击败，天下重归安定。关于此事，《尚书·舜典》曾载："流共工于幽州，放驩兜于崇山，窜三苗于三危，殛鲧于羽山。四罪而天下咸服。"

尧在位数十年，天下昌明，百姓安乐。但岁月不饶人，尧已近年迈，他决定为部落选一个仁德的首领。

尧听说巢父是贤德之士，就去请他来接替自己的位置，巢父却不愿为王，为了躲避尧，到颍水河畔的一棵大树上定居。尧又去找贤士许由，许由也不愿做官，躲避到山里。尧不气馁，继续拜访，希望能打动许由。许由为了表示自己不愿出仕的决心，跑到河边清洗自己的耳朵，尧这才离开。

不久，尧对四方诸侯之长四岳说："我做了40多年的王，身体每况愈下，希望你们能为天下推举出一位新的王。"四岳听后，向尧推荐舜。

舜出身贫寒。其父瞽叟是个盲人，母亲早年过世，瞽叟为舜找了个继母。继母生有一子，名为象。舜生活在这样的家庭中，却将关系处理的十分融洽，展现了他良好的品德。

尧曾听说过舜的名声，今又听部众们举荐，便

▲ 巢父、许由交谈铜像

认定了舜来继承王位。尧为了进一步考察舜的品行，把娥皇和女英两个女儿嫁给舜。

舜迎娶娥皇和女英后，与二人相敬如宾，且将婆媳之间的关系处理得很好，深受尧赞赏。尧决定重用舜，让其参政，舜没有辜负尧的期望，在许多方面都表现出了卓越的才干和高尚的品格。历史曾载："舜耕历山，历山之人皆让畔，渔雷泽，雷泽商人皆让居……陶河滨，河滨器皆不苦窳……一年而所居成聚，二年成邑，三年成都。"凡是舜耕种过的地方，都会兴起礼让之风，都会变得繁荣起来。尧看后心中十分高兴，赐予舜很多财物，并出钱为其修缮住所。

瞽叟和象看到舜被赐予诸多财物，心中嫉妒不已，于是两人决定杀死舜，夺取舜的财物。一天，瞽叟让舜去修补房顶，自己却在下面放火烧屋。烈火熊熊，眼看就要烧到舜，舜随机应变，将两个斗笠当作翅膀，跳下房舍，这才幸免于难。瞽叟还不死心，又让舜去挖井，等舜挖得足够深时，自己和象一起向井中填土，企图将舜活埋。幸好舜早就做了准备，暗中在井旁挖了一条通道，在里面躲避才逃过一难。瞽叟和象以为舜死了，高兴万分，两人就如何分配舜的财物问题临时做出决定，瞽叟占取牛羊，象占取一把古琴，并纳娥皇、女英为妻。

就在瞽叟和象以为阴谋得逞的时候，舜却突然出现在两人面前，瞽叟十分害怕，无颜以对，象则表现出一副淡定的模样，还大言不惭地说："我思舜而郁陶。"舜听后，并没有说什么，仍一如当初地孝敬父母，重视与象的兄弟情分。

舜的诸多做法，受到了尧的高度认可。尧便召开部落联盟会议，举行禅位大典，将王位禅让给舜。

▲ 山东沂南北寨村出土的尧舜禅让画像石

▲ 舜画像

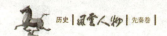

▲ 丹朱（生卒年不详），
尧帝之子

◇清明一生　命丧苍梧◇

舜当政后，实施了一系列的惠民举措，百姓们纷纷赞颂舜的恩德，国家一片安宁祥和。28 年后，尧离开人世，舜亲自为尧守孝三年，并将王位让给尧的儿子丹朱，自己则到南河之南定居，过上隐士的生活。

但老百姓却不愿意，四方诸侯没有愿意拥戴丹朱为王，天下百姓也没把丹朱放在眼里。舜见民意难违，就重新归来，继承王位。

尧离世后，舜进行了一系列政治改革。先前尧曾提拔的禹、伯夷、弃、皋陶等人，职务并不明确，舜为了改变这种现状，任命禹为司空，负责治理天下水土；伯夷为秩官，负责礼仪；弃为后稷，负责国家农业生产；皋陶为士，负责掌管刑法。另外，还采取了官员考核制度，每过三年就要考核政绩，有功者赏，有罪者罚。经过一番整顿，国家各项工作的效率越来越高，人们生活越来越好。

岁月流逝，舜已是白发苍苍，他决定选出下任君王，一些部落头目推荐他的儿子商均，他却认为

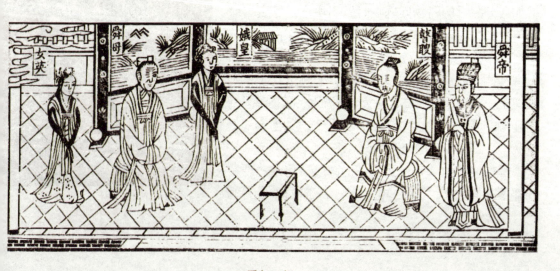

▲ 舜与二妃

商均并不具备这种能力，就没有同意，而是决定将王位传给禹。当时，禹在部落中已有很高声望，特别是成功平定水患，使禹在民间的声望达到了极点，舜欲将王位传给禹，也算是众望所归。

不久，舜召开部落会议，称自己去世后将由禹来接任君王之位。舜做完这些后，到南方巡守，不料身染重病，死在苍梧之野，被人葬于九嶷山下。娥皇和女英见舜久久不归，心急如焚，两人千里寻夫，当走到九嶷山时，看到舜的坟墓，伤心欲绝，双眼流出红色的眼泪，染得竹子一片斑驳。

■历史评价|

尧和舜都是备受儒家推崇的帝王。尧的仁德、舜的至孝，是儒家理论学说的典范。孟子曾说："舜，人也；我，亦人也。舜为法于天下，可传于万世，我由未免为乡人也，是则可忧也。忧之如何？如舜而已。"儒家对舜的至孝更是极力推崇，倡导众生向舜学习，做一个至善至孝的人间赤子。有关两位帝王的事迹，在千百年历史传诵，为中国传统文化留下了光辉的一页。

■大事坐标|

父系氏族社会后期 ↕ 尧咨询四岳，选舜为其继任人。尧对舜考核三年后，令舜摄政。尧去世后，舜继位，史称禅让。

■关系图谱|

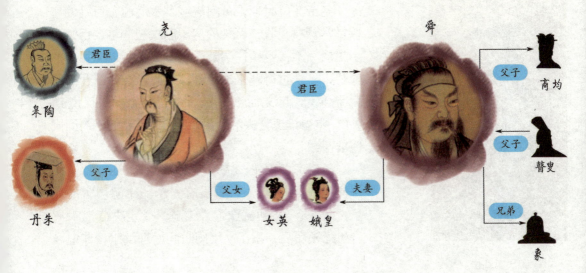

治水专家

大禹

■名片春秋 |

大禹，姒姓，名文命。早年住在西羌，后随父亲鲧迁至崇，因治水有功，接受帝位。禹登位后，建立夏朝，故又被称为夏禹。人们为了纪念他的功绩，又尊称其为大禹。

■风云往事 |

◇子承父志　平定水患◇

尧帝在位时期，黄河流域洪水泛滥，百姓的庄稼常常颗粒无收，百姓的房屋屡次被冲垮，百姓为了生活，不得不搬往高处，不想又受到毒蛇猛兽的威胁，日子过得越来越艰难。为此，尧帝召开部落联盟会议，商议治水之事，他向四方部落头目说道："你们觉得谁适合去治理洪水呢？"首领们不约而同地推荐鲧。

尧帝考虑再三，认为鲧无法胜任。四方部落头目便说："如今天下，再没有一个能比鲧厉害的人了，您还是不要再犹豫了。"尧这才下定决心。

鲧领命后，用了9年的时间治理洪水，非但没

▲ 大禹画像

有制服洪水，还使洪水冲出堤坝，致使水灾越来越严重。

不久，舜帝继位，他到黄河一带视察，发现鲧治水不力，就处死了鲧，并命鲧的儿子禹来治理洪水。

大禹刚刚结婚，便接替重任，他来不及照顾妻子，就率人前往黄河勘察。他为了尽早平定水患，曾

▲ 大禹治水雕刻

三过家门而不入。第一次，妻子生病在家；第二次，妻子怀孕在床；第三次，儿子启呱呱坠地。为了尽早让百姓免受洪灾，他义无反顾，其用心之专注，被无数人颂扬。

大禹在治水的过程中，发现治理洪水的根本方法不是堵，而应该想办法疏导。于是，他决定挖掘几条河道，使洪水随河道流向大海。

可是，他刚要着手去做此事，就遇到了一个巨大的困难。在黄河的中游，有一座叫作龙山的高山，挺拔耸立，高万丈有余，恰好挡住了洪水的去路。如果他要挖掘河道，就必须将龙山凿开。但龙山如此高耸坚固，人力怎么能凿开呢？正在他忧虑之时，突然听到一声雷响，抬头望天，一道道闪电向他击过来，还没等他反应过来，一把极大的巨斧就凭空出现在他的手中。

这时，他好像受到上天启示，挥起手中的巨斧劈向龙山，只听"轰隆隆"声响不绝，坚固的高山竟被生生劈开一道裂口，本来受阻的洪水，终于找

洪水滔天，鲧窃帝之息壤以堙洪水，不待帝命。帝令祝融杀鲧于羽郊。鲧复生禹，帝乃命禹卒布土以定九州岛。

——《山海经·海内经》

到了宣泄口，哗啦向下游流去。

大禹如有神助，他继续挥动巨斧，最终在黄河下游劈出9条河道。就这样，洪水随着这9条河道，滔滔向东流去，奔向大海。

大禹治水的故事时至今日人们仍在传诵，反映了人们对大禹治水功劳的怀念。正因为大禹率领人们开山开流，才有了华夏子孙安宁的生活。

▲ 山东莒县东莞汉墓出土的大禹与妻画像石拓片

◇接受禅让　继往开来◇

大禹治水成功后，世人无不佩服，舜帝为了表彰他，赐予他一块黑色的玉圭，并隆重向世人宣布天下从此再也不需惧怕洪水。

几年后，舜帝任命大禹为伯，并将夏地赐予大禹。大禹的威望越来越高。百姓颂扬他说："禹是上天派来拯救我们的神仙，如果没有他，我们早就魂归大海被鲤鱼吃了。"舜帝也称赞说："禹，你是我的左膀右臂，是我的眼睛和耳朵。我想造福于人民，离不开你的帮助；我想知道日月星辰，想做衣物文秀，必须你来为我指明；我想治理天下，宣扬德行，必须你来帮助我。你是真诚的化身，智慧的结晶，国家因为你的存在，才走出苦难，过上

▲ 浙江长兴大禹塑像

了安定的日子。"

舜帝三十三年，舜帝召开部落联盟会议，将王位传给禹。17年后，舜到南方巡游，不幸染病故于九嶷山下。大禹为舜守孝3年，然后到阳城隐居，希望舜的儿子商均继承帝位。可是，天下诸侯只认大禹，而不认商均。在无奈之下，大禹只得继承帝位，首都定在安邑，建立夏朝。

大禹为了更好地治理天下，命人收集铜，铸成九鼎，以此来作为自己天下共主的象征，并告诫各方首领，见九鼎如见帝王，必须行跪拜之礼。

当时生产力的不断发展，百姓生产的东西除了满足自己的需要之外，还有了不少剩余。各部落首领利用自己的地位，把部落中的剩余产品霸占，据为己用。剩余产品出现后，随之而来的是各部落之间争夺剩余产品的战争，战争又带来了俘虏，俘虏变成了奴隶，亦成为部落首领的私有财产。就这样，奴隶主和奴隶两大阶级出现了，氏族公社制度也随之土崩瓦解。

大禹处在这样的时代，不得不加强自己的权威。一天，大禹去东方巡游，在会稽山召集各部族首领商议大事。多数部落首领听到后，纷纷在第一时间携带着财物前去拜见，可首领防风氏不着急，慢慢悠悠不当回事，最后一个到场。大禹大怒，立即命人将防风氏拉出去斩首。此后，再没有人敢违抗大禹的命令。

时光飞逝，大禹渐渐老去。他继承舜帝的德行，决定选取天下有德之人为下任帝王。他首先选定了劳苦功高的皋陶，可没过多久，皋陶就病死了。后又让伯益作为候选人，准备禅让给他。然而，当大禹去世之后，大禹的儿子利用武力赶走了伯益，自立为帝，是为夏启。夏启登上帝位后，废除帝位禅

▲ 伯益（约公元前21世纪），
古代东夷族领袖

▲ 夏启（生卒年不详），
大禹之子

25

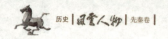

让制，改为世袭制，我国第一个奴隶制国家——夏朝出现了。

■历史评价 Ⅰ

大禹一生都被后人所称颂，他为了治理洪水，三过家门而不入，流传为一段佳话；他平定水患，使中原人民重新过上幸福的生活，是与尧、舜二帝齐名的古代圣王。后来，他铸九鼎，定九州，建立夏朝，翻开了中国历史新的一页，中国奴隶社会就此开启。他的一生对后世的影响，可谓非常深远。

■大事坐标 Ⅰ

氏族社会后期 ↕ 大禹成为天下共主。

■关系图谱 Ⅰ

暴君代表

商纣

■ 名片春秋 |

商纣（？～前1046），子姓，名受、受德，谥帝辛，商朝最后一位君王。在位时期，沉迷酒色，实施暴政，致使百姓怨声载道，百年江山摇摇欲坠。后文王姬昌反出殷商，武王姬发举起义旗，向殷商发动牧野之战，一举推翻商朝。商纣王见大势已去，火烧鹿台，焚于滚滚烟火之中。

■ 风云往事 |

◇纵情声色　社稷欲坠◇

　　公元前1600年，汤建立商朝。公元前1101年，帝乙继承王位。为巩固国家统治，帝乙向东夷用兵，却打成了持久战。公元前1075年，帝乙去世，长子启因母亲卑贱而不能立，故二子帝辛继位，即后来历史上著名的纣王。

　　帝辛小的时候，聪明过人，力大无穷，深受帝乙喜爱，是帝乙理想中的接班人。帝乙死后，帝辛继承其遗志，继续率兵征伐东夷，取得了一些胜利，难免产生了骄纵心理。后来，他在东夷边境布下国

▲ 商纣画像

27

家半数兵力后，就回到首都朝歌城享受人间欢乐去了。

纣王喜爱美女是出了名的，凡见到有点姿色的女人，总要想方设法将她们弄到宫里为妃。一天，他听说有苏氏有一女子，名曰妲己，有着倾国倾城的貌相，是万里挑一的美人，如此佳人，岂能放过，于是连夜派人将妲己接到宫中。

百闻不如一见。纣王见到妲己后，顿觉眼前一亮。只见她面若三月桃花开，眉如弯月抚春柳，眸似春水泛碧波，挺秀的鼻梁下，是鲜艳欲滴的樱桃小口，秀发飘落胸前，纤手如葱，步履翩翩间，花裙随风轻摆，整个人仿佛仙女下凡。从这刻起，纣王心里再无江山社稷，唯有美人的惊艳。

妲己进宫后，纣王情迷至深，索性不再上朝，天天与妲己厮混在一起。他对妲己言听计从，为了取悦于妲己，不但弄来好多奇珍异宝，还修建奢华的鹿台，并在鹿台上修建有金碧辉煌的楼阁，耸立高远的摘星楼。纣王就是在这样的地方，在宫廷乐师演奏的淫靡音乐中，与妲己天天厮混到天明，早已忘了自己的身份。

传说纣王为了纵情享乐，命人在宫中挖掘大池，完工后向里面倒入大量陈年美酒，使小舟漂浮其上，称之为"酒池"。又命人在酒池周围立下圆木，圆木上挂上香气逼人的肉块，称之为"肉林"。就这样，纣王与妲己两人在酒池肉林中肆意地享受，饿了吃肉块，渴了喝美酒，生活极尽奢华糜烂。他不但不想着治国为民，还于无形中增加了百姓的赋税负担。

纣王不但荒淫无道，而且行为也十分荒诞，甚至为天下人所不耻。一次，纣王与妲己嬉戏，他觉

▲ 妲己画像

得不过瘾，就命令现场所有嫔女脱下衣物，赤裸裸地舞蹈狂欢。大部分宫女不敢抗命，唯有侍奉过姜皇后的宫女没有听从命令，且掩面而泣，似乎在怀念姜皇后的贤良淑德。

这时，妲己向纣王说："这些曾经侍奉过姜皇后的宫女，对于她们主子的死亡耿耿于怀，心里怨恨得很，都在暗地里准备为姜皇后报仇呢，妾身本来不信，但现在她们公然违抗大王的命令，看来这事情绝对真实，大王你一定不能放过她们，必须树立大王的威严。"

纣王十分赞同，就向妲己问道："爱妃认为应该怎么惩罚她们？"妲己说："在鹿台上挖一个深百尺、宽数丈的坑，将天下最毒的蛇放到里面，然后把这些不听话的婢女都扔到坑里去。"

纣王觉得妲己的想法很刺激，即刻命人挖下深坑，并投入千百条毒蛇，将侍奉过姜皇后的宫女全部扔进洞中。宫女们被毒蛇咬得死去活来，凄惨的叫声响遍深宫，喉咙渐渐嘶哑，最终惨死坑中，死状惨不忍睹。纣王不但没有丝毫的怜悯，还赏赐妲己珍珠玛瑙，赞赏她主意出得极妙。

太子殷郊得知后，到宫里劝谏纣王，请求他不要造太多杀孽，废除残暴的刑法，并怒斥妲己祸国殃民。妲己大怒，向纣王进谗言："太子口出狂言，肯定是跟那些宫女是一伙的，想把大王您杀掉，早点登基称帝。"纣王信以为真，竟命人把太子推下深坑，幸亏国相比干及时赶到，从中努力说和，才使其免于死罪，但太子也是死罪可免，活罪难逃，被流放到荒无人烟之处。

朝廷正直的大臣为了劝谏纣王，多次上书，希望纣王能及时改正。一天，大臣梅伯向纣王上奏："大王您应该把更多的精力放在国家大事上，那样才是英明的皇帝该做的事情，而不是过度贪图享受。"

助纣为虐

纣指的就是暴君商纣王；虐的意思是暴行。比喻帮助坏人干坏事。

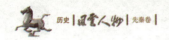
炮烙之刑

在铜柱上涂油，下加炭使热，令有罪之人行其上，辄坠炭中活活烧死。《史记·殷本纪》记载："纣乃重刑辟，有炮烙之法。"

纣王不听，想将梅伯赶出宫去。妲己却说："大王，现在正是您杀一儆百的时候，一定要对其施以重刑，不能这么放过他。"

纣王当然听从妲己的话，为了取悦妲己，还高兴地问："爱妃认为他应受什么责罚？"妲己答说："大王可以命人铸造空心铜柱，里面烧火，外面抹上油脂，扒光犯人的衣服，将其绑在铜柱上，然后命人在铜柱里面加火，一直到烫死犯人为止，如此一来，大家都对大王的刑罚有所忌惮，便没人敢违抗命令了。"于是，纣王命人抓获梅伯一家，按照妲己的说法对其行刑，这就是商王朝残暴的"炮烙之刑"。

朝中大臣见到这种刑罚后，各个面容失色，再也没有人敢提出异议。此后，有些大臣则开始投奔商朝的附属国——周国，商汤江山也由此开始走向末路。

◇贤臣枉死　殷商灭亡◇

国家衰落，黎民百姓生活困苦，君王之昏庸，忠臣义士无用武之地。国相比干，纣王的皇叔，曾经辅佐过帝乙，他在职期间，削减赋税，爱民如子，被世人誉为"亘古忠臣"。他受帝乙托孤之重，忠心辅佐纣王，不想纣王却如此昏庸无道，他感到万分惭愧，觉得对不起先王。为了做一个忠臣该做的事，他多次劝谏纣王，希望纣王不要太迷恋女色，要以国家大事为重。

比干的劝谏，使妲己感受到了威胁，她为了扳倒比干，佯装生病，并向纣王说："妾身梦到神仙，神仙告诉我，如果想治愈身体，需要用七窍玲珑心为药引，否则很快就会死去。"

纣王好奇问道："寡人从未听说过

▲ 河南新乡比干塑像

七窍玲珑心，爱妃可知谁有？"

"国相比干是天下最贤良的忠臣，他的心就是七窍玲珑心。"

"可是取走了皇叔的心，皇叔怎么能活呢？"

"没事的，国相比干自有神灵保佑，取走区区一颗心，是不会死的。"

就这样，纣王听信了妲己的话，将比干招进深宫，要求借其心一用。比干见纣王竟然被妲己迷惑到这种地步，不由仰天长叹："不是比干不忠，而是纣王太过昏庸。"言罢，拿起匕首剖开胸膛，将心狠狠扔在地上，捂着胸口向宫外走去，身后留下殷红的血迹。

▲ 后母戊鼎，商代最重的青铜器

传说那时有个叫"心地"的地方，丢失心脏的人若能及时前往此地，就可再长一颗心。比干心系商汤百年基业，不敢言死，急忙向"心地"赶去。他在路上碰到一个卖空心菜的老妇，就向其问道："菜无心可活，人无心能不能活？"老妇答："人无心，必死无疑。"比干听到后，大叫一声，仰面摔倒，永离人世。

纣王的昏庸无道，不仅害死忠良之士，也激怒了天下百姓。周国文王姬昌反出商朝，与军师姜尚日夜筹划灭商大计，后武王姬发率兵攻打朝歌，很快就攻到朝歌城外的牧野。

朝歌一时陷入慌乱之中，纣王忙命军队前往抵抗，但因大部分兵力都在抵抗东夷，故只能临时将奴隶和守城官兵拼凑在一起抵挡周军。

战场上，周军士气高涨，商军却军心涣散，武王大喝一声，擂响进攻的战鼓，商军顿时溃散，一些奴隶乘机倒戈反击，商军被彻底打败，武王大军攻入朝歌城。

▲ 河南淇县城东纣王墓地

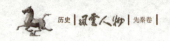
　　纣王见大势已去，无力回天，仓皇地逃回鹿台宫殿。纣王回首往日，笙歌艳舞，佳人幽梦，一一不在，最终只剩自己一人。斜阳夕照，看着远方渐进的周王大军，纣王穿上缀满玉石的宝衣，一把火点着了身边的柴禾，纵身跳入自己挖的酒池，自此500多年的商汤江山也伴随着这场大火一同沉没，永不复返。

■历史评价 |

　　纣王在位时期，醉淫乐而杀忠良，以暴政行天下，招致天下百姓的反对和各路诸侯的背叛，成了名副其实的孤家寡人，葬送了商朝500多年的基业，实属自食恶果。历史再次向世人证明，对人民施暴者，终究会被历史所淘汰。

■大事坐标 |

公元前 1075 年　↑↓　帝乙死，帝辛继位，即纣王。

公元前 1046 年　↑↓　牧野之战爆发，商军战败，纣王引火自焚。

■关系图谱 |

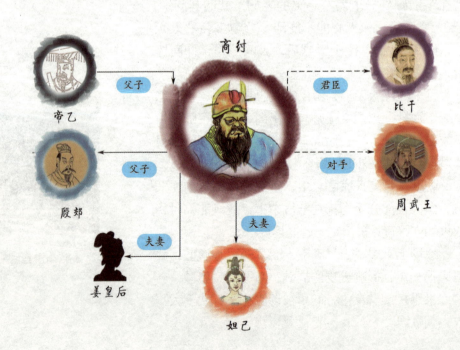

烽火戏诸侯

周幽王

■名片春秋 |

周幽王（？ ～ 前771），姬姓，名宫涅，周宣王之子，西周最后一位君王。在位时期，纵情声色，荒废朝政，为博美人一笑，不惜点燃烽火嬉戏诸侯。四方诸侯率军赶来后，才知道被戏耍，无奈归去。当北方犬戎真的攻来，周幽王命人点燃烽火，可惜诸侯们却不再前来勤王。最后，周幽王死于犬戎之手。

■风云往事 |

◇贪恋美色　朝臣离心◇

西周自周厉王、宣王执政以来，政治腐败，生活糜烂，民不聊生。宣王死后，儿子宫涅继位，是为周幽王。周幽王登位后，生活极其糜烂，终日与宫内女子嬉戏，幽王还觉得不过瘾，便决定从民间选拔美女。为此，他任命虢石父为上卿，命其到民间搜罗美女。虢石父善于溜须拍马，接到幽王命令后，立即带人到民间去了。

不久，大周西北部地区发生地震，百官认为这

▲ 周幽王画像

▲ 西周鸭形鼎

是灾难的征兆，急忙向周幽王禀报。周幽王却毫不在意，他说道："大地发生地震，是一种自然现象，无需向本王禀报。"有些大臣却不这么想，仍拼命地向幽王进言。其中，太叔带向幽王进谏："大山崩裂，大地塌陷，这是国家将要发生灾难的征兆，请大王三省己身，戒除淫乐，爱护臣民，提拔贤良，依此来抵抗天灾，保全国家社稷。"这时，虢石父却向幽王说："太叔带纯属一派胡言，地震是自然现象，根本就与江山社稷无关，如今他胡言乱政，应该以欺君罪论处。"幽王点头称是，便将太叔带贬为庶民。之后，大臣褒珦看不过去，到幽王面前为太叔带求情，想了很多办法，都无济于事，反而被捕。不久，褒珦之子想出一条妙计，即献美换父。洪德知道周幽王好色，便四处搜罗，终寻得一个倾国之女子，献给周幽王。这就是历史上有名的褒姒，是个倾国倾城的大美人。

洪德将褒姒送到周幽王身边，幽王顿觉眼前一亮，眼前女子眉目清秀，面若桃花，顾盼之间柔情万种，他之前还没见过这么漂亮的美人，色心大动，马上将褒姒纳为妃子，并同意洪德的请求，释放了褒珦。这时，朝中大臣纷纷进言："自古红颜祸国，夏朝时有妹喜，商朝时有妲己，请大王以史为鉴，不能纳褒姒为妃。"

幽王初见绝色，正是高兴之时，自然不会听从臣子的意见，就板着脸说道："本王是天下之主，所辖生灵万物都是本王的，如今纳一位女子为妃，是理所当然的事情，尔等不必再说，如果不听，以叛逆罪论处。"此后，幽王便将褒姒纳为妃，并日日相伴。

褒姒进宫之后，周皇后申氏逐渐

▲ 褒姒（生卒年不详），周幽王爱妃

失宠。一天，皇后去拜见幽王，见幽王正与褒姒玩乐，褒姒见了皇后却装作看不见，更不用说向其行礼了。皇后十分不悦，回宫之后，终日悲伤不已。

皇后的儿子宜臼早已被立为太子。一日，宜臼去拜见母亲，见母后脸色憔悴，似有千愁万悲，就询问怎么回事。皇后没有瞒着儿子，就向宜臼说了此事，宜臼非常气愤，向母后保证说："母后请放心，过几天就要到赏花节了，后宫嫔妃们大都会参加，您若见到褒姒，就将其暴打一顿。如果她敢将此事告诉父王，孩儿一定不会放过她，您就不要再伤心了。"

转眼几天过去，赏花节到了，皇后与众妃子一起赏花。在这期间，皇后按照太子的意思，命人痛打褒姒。褒姒趁此机会，到幽王面前告状。幽王大怒，欲严惩皇后。虢石父等人趁机添油加醋说："申皇后淑德尽丧，应另立他人。"幽王听后更是怒火中烧，立即下旨废除申氏皇后之位，改立褒姒为后。

皇后被废，太子宜臼为母亲鸣不平，提着宝剑去杀虢石父。虢石父听说后，慌忙跑到宫中，到周幽王面前说："大王，太子要谋反。"他刚说完，太子就提着宝剑追了进来。看到这一幕，周幽王以为太子想要造反，就命人抓住太子，并将太子废掉。太子被废，动荡朝野，很多正直的老臣再也看不下去，纷纷辞官归田。

▲ 虢石父画像

◇佳人一笑　倾国倾城◇

褒姒虽做了后宫之主，却时常愁眉不展，周幽王为了博其一笑，命乐师在褒姒面前演奏丝竹，舞姬表演舞蹈，尽管做了这么多，但美人仍不笑。于是，幽王便问道："爱妃整日不露笑颜，闻丝竹、见歌舞也没有喜笑颜开，不知爱妃到底喜欢什么呢？"褒姒幽幽地说："臣妾喜欢听绢锦被撕裂的声音。"幽王非常高兴，心想终于找到能使爱妃高兴的事情了，

▲ 烽火戏诸侯

便派人将全国的绢锦都运到宫中，命宫女天天撕锦，以博取褒姒一笑。

然而褒姒虽然喜欢听绢锦被撕裂的声音，仍然不笑，这下可急坏了幽王。就在这时，虢石父向幽王进言："我朝历代先王曾为了抵御外敌，在城外建立烽火台，每5里有一处，假如有敌人来袭，烽火就会被点起，天下各路诸侯看到后，会马上领兵来救驾。若是烽火点燃后，诸侯率兵赶来，却看不到敌军踪影，臣以为，皇后看到这一幕，定会开怀一笑的。"

这个烽火台其实是周王朝为了防止西部犬戎族偷袭，在骊山自西向东建立的。每5里设有一处，共20处。当犬戎族率兵来袭时，负责把守第一个烽火台的士兵就会点燃烽火，第二个烽火台的士兵看到前方点燃烽火后，也随着点燃烽火，依次点燃下去，附近的诸侯们看到后，就会率兵前来勤王。

周幽王采纳了虢石父的建议，就带着褒姒赶到骊山烽火台。褒姒不相信点燃烽火就能引来诸侯的千万救兵，傍晚时分，幽王为了讨取褒姒欢心，命人点燃烽火台。跟随而来的大臣们听了，纷纷跪倒在地，向幽王苦谏："大王千万不能随意点燃烽火啊！烽火台是为应急而用，如果真有敌兵，点燃也属必然，若没有敌袭，贸然点燃烽火，诸侯们看到后，率兵前来救驾，却发现没有敌军的踪影，以后还有谁听信大王？倘若有一天，敌人真的袭来，恐怕就再没人来救驾了。"幽王非但不听，还将大臣们臭骂了一顿。之后，下令命士兵点燃烽火。

深夜来临，士兵们在周幽王的命令下，将第一座烽火台点燃，第二座烽火台也随之燃起烽火，20余座烽火台依次被点燃，宛如一条火龙，将黑夜照得亮如白昼。附近诸侯看到烽火台烟火四起，误以为敌军来袭，忙整顿军队前往御敌。

当各路诸侯赶到后，却没有发现一个敌人的影

▲ 陕西西安周幽王烽火戏诸侯遗址

子，见到的只是周幽王饮酒作乐的样子，这才知道被幽王耍了一通，心中很恼怒，但又不敢表现出来，只得忍气吞声，向周幽王告别，悻悻地率兵离去。

褒姒在火光中看到各路诸侯急匆匆从四面赶来，最后又悻悻而走，"扑哧"一声笑了出来。周幽王看得真切，他看着褒姒满脸的笑意，顿觉心中舒畅，这一刻在他心里，江山社稷比不过美人的微笑。

诸侯们才刚离去，周幽王又命人点燃烽火，诸侯们再次急忙率兵前来。幽王和褒姒见诸侯连连上当，都哈哈大笑。之后，幽王对虢石父说道："皇后重新露出笑容，全赖爱卿妙计，你想要什么奖赏尽管说。"虢石父忙跪地谢恩。就这样，周幽王为博美人一笑，多次戏耍诸侯，以致失信于诸侯。

太子宜臼被幽王废掉后，逃到母亲的娘家申国，在申侯面前痛斥幽王的昏庸无道。申侯听了义愤填膺，写信给幽王，希望幽王能免去褒姒的皇后之位，重新立申氏为后。这时，虢石父向幽王说："申侯早有谋反之意，如今太子宜臼逃往其地，两人肯定在暗中密谋造反之事。"幽王信以为真，派兵攻打申国。

申国本就力量薄弱，没有足够的力量对抗大周王朝。申侯闻周幽王派兵来攻，慌忙征求大臣们的意见。大夫吕章说："我国与犬戎交界，您可以向犬戎借兵，主动攻打昏庸的周幽王。"申侯听后，立即写信请求犬戎国出兵相助，犬戎国王收到信件，立即出兵5万，一路砍杀，很快就杀到镐京。

周幽王见自己被团团包围，吓得魂不附体，过了好久才缓过神来，忙命虢石父前往骊山点燃烽火，请各路诸侯进京勤王。然而虢石父点燃烽火后，却没有一个诸侯率兵前来。原来之前诸侯被幽王戏耍了很多次，以为这一次又是幽王在开玩笑，所以不为所动。就这样，半天的工夫，镐京就陷落了。慌乱之中，幽王向临潼逃去，犬戎军队穷追不舍，终在骊山斩杀幽王，俘虏褒姒。随后，犬戎军队进入

褒姒不好笑，幽王欲其笑，万方故不笑。幽王为烽燧大鼓，有寇至则举烽火。诸侯悉至，至而无寇，褒姒乃大笑。幽王说之，为数举烽火。其后不信，诸侯益亦不至。

——《史记·周本纪》

▲ 周平王泥像

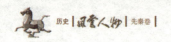
镐京百姓之家，开始大肆烧杀掠夺。

　　直到此时，诸侯们才知道犬戎军队攻入镐京，纷纷率军前往镐京相助。犬戎军队寡不敌众，退走西方。此时，周幽王已死，诸侯们便拥立宜臼为王，即周平王。

■历史评价 |

　　周幽王在位时期，荒废朝政，沉迷美色，为了博取美人一笑，点燃救急烽火，戏弄天下诸侯，失去君王威信，最终死于犬戎刀剑之下，可谓是自食其果。他死后，周王室开始衰落，一日不如一日，各路诸侯势力却越来越大，中国由此迈入春秋战国时代。

■大事坐标 |

公元前 781 年　周宣王驾崩，子宫湦继位，是为周幽王。
公元前 771 年　周幽王死，西周灭亡。

■关系图谱 |

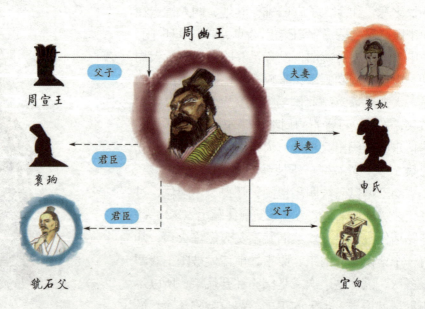

春秋首霸

齐桓公

■名片春秋 ┃

齐桓公（？～前643），姜姓，名小白，齐襄公之弟，春秋时期齐国君王。在位时期，任用鲍叔牙、管仲等贤才，推行富国强兵之道，使国家迅速富强起来，后尊王攘夷，并与天下各诸侯国在葵丘会盟，成为春秋历史上首位霸主。

■风云往事 ┃

◇趁乱登位　任贤富国◇

齐国，都城临淄，地处黄河中下游地区，当地物产丰富，又因其特殊的地理位置，兼有渔盐之利，是当时东方最大的诸侯国。

齐国始祖是姜尚，他因辅佐周文王、武王两代君王有功，被封于齐。数百年后，齐国襄公当政。齐襄公在位期间，昏庸无道，滥杀无辜，他的弟弟们也因为害怕被杀，纷纷逃往他国避难。其中，

▲ 山东淄博齐故城桓公台

39

▲ 山东嘉祥武氏祠内管仲射齐桓公画像石

公子纠带着谋士管仲逃往鲁国，公子小白带着谋士鲍叔牙逃往莒国。

公元前687年，齐国发生内乱，大夫练称、管至父联合齐襄公堂兄公孙无知发动政变，杀死齐襄公，并拥立公孙无知为齐国君王。翌年，公孙无知也死在战乱之中。

国不可一日无君，齐国大臣开始筹划拥立新的君王。大臣高傒西，素与公子小白交好，就派人到莒国请公子小白前来继位。另外，也有一部分大臣派人到鲁国接公子纠回国。鲁国君王素有野心，听闻齐国使者派人来接公子纠，立即表态愿率军护送，并让管仲率领部分军队堵截公子小白。

管仲的军队与公子小白部遭遇，双方激战中，管仲射出的长箭差点要了公子小白的性命。小白将计就计，假装被射中，暗地乘车星夜赶回齐国。公子纠自以为杀死了公子小白，再没人能与自己争夺王位，便放慢了回国的脚步，以致用了七八天的时间，才赶到齐国。然而，公子小白早已捷足先登，登上王位，并率领大军攻打鲁国，鲁国不敌，迫于压力，将公子纠处死。公子小白，彻底坐稳了王位，是为齐桓公。

齐桓公登位后，为报战场一箭之仇，想要杀死管仲。这时，大夫鲍叔牙对他说："大王要三思啊，如果您想要治理好国家，有我一人就够了，若您想称霸天下，则必须要管仲来辅佐，才能够实现。"齐桓公听后，决定不计前嫌，对管仲还委以重任。管仲见齐桓公如此信任他，被其深深打动，开始为其卖命。

齐桓公对管仲从善如流，管仲也由此针对国家政治、经济、军事等方面，进行了轰轰烈烈的改革。首先，在政治方面实行"参其国而伍其鄙"制度，将国家居民按照乡、县、邑编制在一起，任命官吏，加以管束，从而让百姓各守其业，不再过流动迁徙的生活。如此一来，不但能使国家稳定发展，还能进一步巩固统治。

其次，在经济方面实行新的税收政策。春秋以来，井田制遭到破坏，越来越多的人开始耕种私田，结果无形中也增加了国家收入。针对这种情况，管仲派人统计全国土地数量，然后根据土地拥有量和肥瘠差别，来制定土地拥有人需要交纳的赋税数额。同时，大力发展渔盐产业，来增加国家的收入。这些为齐国称霸天下提供了必要的物质基础。

再次，在军事方面实行"作内政而寄军令"的制度。在改革国家内政的基础上，实现民兵合一，这与后来历史上的屯田制度类似。国家和平时，官吏为地方行政长史，士卒与百姓一起耕作；国家危难时，官吏为军长，士卒即刻集合在一起，从而使国家经济发展与军事发展两不误。

◇东征西讨　春秋首霸◇

随着改革政策的实施，齐国逐渐变得强盛起来，扮演的政治角色也越来越重要。

春秋初期，周朝天子的威信不复当年，四方诸侯几乎不再来朝进贡。各诸侯国之间为了争夺更多的土地资源，都企图打败其他诸侯，成为天下霸主，使他国向己国进贡。如此，各诸侯国之间的争斗，便不可避免了。

齐国强盛后，齐桓公开始积极参与诸侯争霸。公元前684年，齐桓公率兵攻打鲁国，双方在长勺展开激战。鲁国虽弱小，但有贤士护佑，大夫曹刿在关键时刻挺身而出，从容指挥大军，在齐军气势衰竭的时候，命令军队发动攻击，一举击溃齐军，打破了齐桓公的如意算盘。齐桓公失败后，积极吸取教训，整顿军队，继续率兵伐鲁，鲁国战败，丧

国多财则远者来，地辟举则民留处，仓廪实而知礼节，衣食足而知荣辱。

——管仲

北杏会盟

公元前681年春，齐桓公以诸侯身份在北杏（今山东东阿北），与宋、陈、蔡、邾几个小国的国君会盟，并担任盟主。这就是北杏会盟。北杏会盟的参加者虽然都是一些小国，但它掀起了齐桓公称霸的序幕，对其称霸有一定意义。

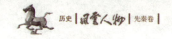

▲ 齐国瓦当

▲ 齐国刀币

失了不少土地。不久，齐桓公又要兴兵伐鲁。鲁庄公听闻后派使者赴齐求和，齐桓公表示答应，并归还了鲁国的土地。

公元前 681 年，宋国发生王位争夺战。齐桓公听后，立即约请宋、陈、蔡等国在北杏会盟，调停宋国内乱，使宋国很快就安定下来。此次会盟中，齐桓公曾邀请遂国参加，遂国未能如约而来，齐桓公大怒，率兵将其吞灭。此后，齐国在诸侯国的威望逐步提升。

公元前 680 年，宋国背叛北杏会盟盟约，齐桓公听从管仲的建议，对外采取尊王攘夷的方法，派人带着礼物拜见周天子，对其称宋国不尊重天子，请天子派人前往问罪。周天子得知后，也想借助齐国力量重新树立自己的威信，便派出部分军队，并联合齐、陈、蔡等国军队对宋国疆土形成合围之势。

宋国不敢背负背叛天子的罪名，只得向齐国求和，之后，齐桓公拉着周天子使者，约请宋、陈、蔡三国在鄄地会盟。其他诸侯国看到周天子使者参加了此次会盟，认为周天子也支持齐国，便尊齐桓公为盟主。

春秋以来，中国北方少数民族山戎、狄等族势力逐渐强大起来，经常袭扰卫、邢、燕等国。公元前 664 年，山戎族率兵攻打燕国，燕国不敌，向齐国求救。齐桓公认为自己是诸侯盟主，有援助燕国的义务，况且己国与燕国邻近，若燕国亡，则齐国危，便答应出兵相救。

同年，齐桓公率大军赶往燕国，与其一道攻打山戎。山戎族闻齐国强兵赶来，便烧杀抢掠一番，迅速向西北撤退。齐军紧追不舍，并大败山戎军队。之后，齐桓公将夺取的数百里土地送给燕国君王燕庄公，燕庄公感激涕零，俯首称是。此后，齐桓公又派出军队援助邢国与卫国，进一步提升自己的威望，齐国的霸主地位得以巩固。

齐国的强盛，引起了南方楚国的不服，楚王不承认齐桓公为诸侯霸主，更不把周天子放在眼里，齐桓公觉得有必要教训一下楚王。公元前657年，楚国向郑国发兵，齐桓公借此机会，联合宋、鲁、陈、卫、曹等国发兵救郑，紧接着又率联盟军队攻打楚国，迫使楚王承认了齐国的霸主地位，并使其向周天子称臣。

◇国家内乱　江山日衰◇

公元前652年，周王室发生内乱，周惠王本来早已立太子郑为储君，后来溺爱幼子带，便想废长立幼。不久惠王死，王子带欲继位，太子郑向齐国求救。齐桓公召集宋、鲁、陈、卫、曹等国于洮（今山东鄄城西南）召开会议，拥立郑为周天子，是为周襄王。此时，齐国已经实力大增，超越周王室，成为天下诸侯公认霸主。曾有诗称赞齐桓公："东周天子纲纪摧，桓公振臂救倾颓。九合诸侯匡天下，春秋首霸美名垂！"

公元前645年，名相管仲病重，齐桓公来到他病床前问："你觉得谁可以代替你的位置？"管仲说："只要是贤德者，皆能为相，唯独易牙、开方、竖刁这三个小人不行。"可惜事与愿违，管仲死后，齐桓公却重用了易牙、开方、竖刁这三个谄媚小人，弄得朝廷乌烟瘴气，齐国国势日衰。

公元前643年夏末，齐桓公病重，他的五个儿子开始争夺王位，冬十月七日，齐桓公病死，他的儿子们却正为争夺王位而打得不可开交，直到67天后，新的君王才把齐桓公已经生蛆的尸体下葬，一代名君如此终了，令人唏嘘不已。

■ **历史评价** ｜

齐桓公一生威名赫赫，是一位难得的雄主，

春秋战国门齐桓公

唐·周昙
三往何劳万乘君，
五来方见一微臣。
微臣傲爵能轻主，
霸主如何敢傲人。

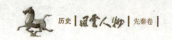

其当政 40 余年，任用贤能，注重改革社会弊端，改善了百姓的生活水平，成为天下霸主。同时，他与各方诸侯交好，援弱抑强，抵御山戎等少数民族，对中原的安宁及社会发展做出了重大贡献。

■ 大事坐标 |

公元前 687 年　齐襄公在政变中被杀，齐国群臣无主，国家时局处在
　　　　　　　　一片动荡之中。
公元前 685 年　公子小白登上王位，是为齐桓公。
公元前 684 年　率兵攻打鲁国，战败于长勺。
公元前 681 年　北杏会盟，初步确立霸主地位。
公元前 664 年　帮助燕、邢、卫三国攻打山戎，名震北方。
公元前 657 年　率领宋、鲁、陈、卫、曹等国联军攻打楚国，
　　　　　　　　逼迫楚王承认自己的霸主地位，威临天下。
公元前 651 年　与周王使者及各路诸侯在葵丘会盟，将霸业推
　　　　　　　　向顶峰。
公元前 645 年　名相管仲病逝，齐国国势日衰。
公元前 643 年　病死，齐国内政一蹶不振。

■ 关系图谱 |

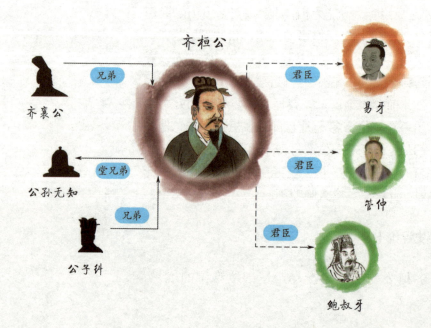

西陲霸主

秦穆公

■名片春秋 ┃

秦穆公（？～前621），嬴姓，名任好，春秋时期秦国君王。在位时期，举贤任能，身边聚集了蹇叔、丕豹、百里奚等大批贤才，使国家逐步走向强盛，曾帮助晋国公子重耳夺取王位，后在与晋国的交战中受挫，开始向西方发展势力，夺取大片土地，威震西陲，成为春秋五大霸主之一。

■风云往事 ┃

◇羊皮换贤　富国强兵◇

　　秦国地处西方边陲，原为周王朝的附属小国。周平王时期，犬戎族不断袭扰国境，平王为了避免袭扰，决定迁都洛邑，并命秦襄公沿路护送。秦襄公护送平王到达洛邑，因功封侯，赐予岐山西部地区，正式建立国家。之后，秦国疆土不断向东拓展。秦穆公时期，励精图治，整顿军队，夺取了甘肃、宁夏等地，几乎拥有了整个关中地区。

　　公元前659年，秦穆公娶晋国太子申生的姐姐穆姬为妻，两国结为秦晋之好。公元前655年，晋

▲ 秦穆公画像

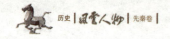

国发兵灭掉虞国，俘虏了虞国君王以及大夫百里奚，把二人当作穆姬的奴隶陪嫁到秦国。百里奚不堪受辱，在前往秦国的路上偷偷地逃跑，不料在宛城被楚国军队捉住后，押往楚国。

秦穆公野心十足，他为了使国家日益强大，提拔了很多有才能的人，但总觉得少一位相才。有人告诉他，奴隶百里奚是一个可堪大任的人才，他忙派人去请，却得知百里奚被楚国人捉去了。秦穆公求贤若渴，决定派使者携重金到楚国赎回百里奚。谋臣公子絷对此却持不同看法，便向秦穆公进谏："请大王不要拿重金去赎百里奚，现在楚国国王根本就不知道百里奚的才能，所以才会对他不予重用，让他去放牛，若是您用重金，必定会引起楚王的疑心，不如派人拿着几张羊皮去换百里奚，这样的话，楚王就不会有疑心，大王也能得偿所愿。"

秦穆公听从公子絷的建议，命使者携带五张羊皮赶到楚国，对楚王说："我国的奴隶百里奚私自出逃，被贵国抓获，我王对此感激不尽，希望能用五张羊皮将其赎回，好让我王治其大罪。"楚王听后，觉得此事并没有可疑之处，就将百里奚交出，秦国使者赎回百里奚后，日夜兼程，返回秦国。

听闻百里奚归来，秦穆公立即率众大臣到城门口迎接。百里奚看到此情此景，十分感动，就向秦穆公说："我是一个亡国之臣，甚至是一个卑贱的奴隶，怎敢劳大王亲自出城迎接？"秦穆公微笑着说："虞王没有重视你，才做了亡国之君，晋王没有重视你，才失去了一位贤才，这一切都不是你的过错。"百里奚听后，遂向秦穆公俯首称臣，君臣二人相谈甚欢，穆公觉得自己得到百里奚，如鱼得水，好不自在。秦穆公要封百里奚为国相，百里奚却推辞说："我才能有限，远远不及我的好友蹇叔。当年我在齐国时，穷困潦

▲ 徐悲鸿《九方皋相马》

倒，沿街乞讨，是蹇叔收留了我。我想去齐国君王公孙无知手下当差，蹇叔坚决不让我去，不久公孙无知被杀；我又想投靠周王子颓，蹇叔阻止了我，之后颓被杀；我去投奔虞王，蹇叔阻止我，我也知道虞王并没有重用我的意思，只是为了生活，我才暂时在虞王手下当差，不料虞王被晋王抓获，我也做了俘虏。由此可见蹇叔真是一位神人，请大王任命他为国相吧。"秦穆公听完哈哈大笑，没想到招来一个百里奚，还能来一个蹇叔，便派人请来蹇叔，共商国家大事。

百里奚和蹇叔积极出谋划策，在两人的努力下，秦国开始飞速发展。秦国欲向中原发展，首先面对的是邻邦晋国，秦穆公听从百里奚和蹇叔的建议，时刻注意着晋国的动向。

◇东进受挫　称霸西陲◇

晋献公晚年，晋国发生动乱，公子夷吾和重耳逃往他国。公元前 651 年，晋献公去世，公子夷吾为夺取王位，向秦国求救，秦穆公立即率军护送夷吾回国继位，是为晋惠公。公元前 646 年，秦国大旱，国内发生严重的饥荒，晋国乘机率兵攻打秦国，双方激战韩原，晋军大意轻敌，横遭惨败，晋惠公也成了秦军的俘虏。后来，周襄王派使者调停此事，晋惠公被迫答应将黄河以西的地区全部割让给秦国，并将儿子圉送到秦国为质子，秦穆公这才放其归国。

公元前 637 年，晋惠公死，太子圉归国继位，是为晋怀公。晋怀公的残暴统治遭到国人的反对。秦穆公得知这种情况后，准备再度插手晋国朝政，以图进取中原，重耳便是秦穆公的首选。他派人到楚国接重耳到秦国，并将自己的女儿嫁给重耳，让其在秦国好好生活。公元前 636 年，秦穆公护送重耳回到晋国，重耳联合多位权臣发动政变，杀死晋怀公，自己登位称王，是为晋文公。

九方皋相马

伯乐是秦穆公手下的相马高手，在他年迈已衰的时候向秦穆公推荐九方皋来继承他的位置。秦穆公试探九方皋，让他找一匹好马，果然他找到了天下少有的千里马。

▲ 山西绛县晋文公墓

▲ 弦高画像

公元前632年，秦国帮助晋国打败楚国。两年后，秦国帮助晋国攻打郑国。郑国大臣烛之武冒死拜见秦穆公，向其说道："我们郑国如果灭亡了，对你们秦国有百害而无一利。晋国消灭我国后，一定会向秦国进攻，大王这样做，简直就是为己国自掘坟墓啊。"秦穆公如梦初醒，遂与郑国结为联盟，命杞子领部分军队驻扎郑国，帮助郑国抵御晋国，自己则率主力军队撤回秦国。晋文公见秦穆公撤走，于是与郑国修好，并与其结为同盟，后撤回大军。

公元前628年，晋文公死，晋襄公继位。在郑国的杞子派人向秦穆公报信："晋文公已死，国内正处于混乱之际，将无暇关注郑国，且臣有兵驻守郑国，若是大王能悄悄率军前来，定能攻取郑国。"秦穆公征求百里奚和蹇叔的建议，两人答说："行千里路袭击他国，几乎没有胜算，我军的行动也势必会被郑国提前察觉，还是不要去了。"秦穆公却觉得机会难得，决定发兵攻郑。于是，他以孟明为元帅，西乞术、白乞丙为将军，率数万大军去攻打郑国。大军出征前，百里奚和蹇叔哭泣着为众军送行，秦穆公生气地说："大军即将远行，你们哭泣会影响军队士气的。"两人答说："我们并没有打击士气的意思，而是年事已高，我担心以后再也见不到这些壮士了。"秦穆公明白两人的意思，却仍不为所动，毅然决定出兵。

公元前627年，秦国大军行至滑国，被郑国商人弦高发现，弦高见势不妙，急中生智，购置了大量食物，拦住了秦军前进的道路，并向秦军元帅孟明说："我王得知贵军前来，命小人送来食物，慰问贵军。"但弦高却早已派人偷偷回去送信。

孟明大惊，以为郑国提前有了准备，秦军肯定不能取胜，不如撤军。但又怕秦穆公怪罪，干脆灭了晋国的盟国滑国，而后撤军回国邀功。

得知滑国被灭，晋襄公非常气愤，遂以先轸为帅，率领数万军队攻打孟明大军，双方激战殽地，秦军不敌，将帅士兵几乎全军阵亡，主帅孟明，大将西乞术、白乞丙被活捉。

秦穆公得知前方战况，心中悔恨不已。为了把大将从晋国救回，命人携重金贿赂晋襄公的母亲文嬴。文嬴便向襄公说："我们与秦国之所以产生矛盾，全都是这孟明、西乞术、白乞丙三个人的过错，不如将他们送回，让秦穆公亲自杀死他们。"晋襄公本就孝顺，于是听从母亲的话，将三人放回。

▲ 河南偃师滑国古城旧址

秦穆公亲自到郊外迎接孟明等爱将，对他们说道："我很后悔没有听百里奚和蹇叔的话，让三位将军受苦了，你们此次回来，一定要蓄志练兵，以报此次之耻。"后秦穆公恢复了他们的官职，更加信任他们。公元前625年，秦晋两国大军激战于彭衙，秦军再次受挫。秦穆公见秦国东进之路已被晋国牢牢地扼住，只好将势力向西方扩张。

秦国西部，即今天的陕甘宁地区。当时那里生活着很多山戎部落，他们生活条件艰苦，为了填饱肚子，时常袭扰秦国边境地区，巧取强夺、无恶不作，使边境人民遭受了沉重的苦难。

秦穆公为了向西扩张，采取了先强后弱、先近后远的战略方针。当时，山戎部族中的绵诸国势力最强，且是秦国近邻。绵诸王素闻秦穆公贤德，命大臣由余到秦国访问。秦穆公为由余举行了隆重的欢迎仪式，向其展示了秦国的强国风貌，并听从下属的建议，特意挽留由余在秦国小住。同时，秦穆公还悄悄送给绵诸王很多漂亮的乐女，绵诸王看着貌若天仙的女子，听着秦国动听的歌声，渐渐地陶醉在笙歌艳舞之中，开始不理政事，国家迅速衰败。这时秦穆公才让由余回国。由余回国后，告诫绵诸王要尽力勤政，却受到绵诸王的训斥，由余万念俱灰，投奔了秦穆公，为秦国统一西方出谋划策。

公元前623年，秦穆公率军突袭绵诸，活捉了绵诸

▲ 河南南阳百里奚塑像

王，西方其他小国听闻后，十分害怕，主动向秦俯首称臣。自此，秦国"益国十二，开地千里，遂霸西戎"。两年后，秦穆公死，葬于雍（今陕西宝鸡凤翔东南）。

■历史评价 ┃

秦穆公一生举贤任能，重用百里奚、蹇叔等贤才，对国家进行了一系列改革，使国家迅速强盛起来，疆土也由弹丸之地发展到了一个庞然大国。为了争霸天下，秦穆公与晋国为敌，多次受阻，转而向西方谋图霸业，重用外臣由余，攻灭绵诸，降服西部各个小国，威震西陲，为西部少数民族的融合做出了重大贡献。

■大事坐标 ┃

公元前 659 年	娶晋国太子申生的姐姐穆姬，与晋国结为联盟。
公元前 655 年	俘获百里奚，后百里奚和蹇叔帮助秦国走向富强。
公元前 636 年	帮助晋国公子重耳登上王位。
公元前 627 年	派军攻打郑国，途中误以为郑国有所防备，迅速撤军却被晋军堵截，几乎全军覆没。
公元前 625 年	秦军与晋军激战彭衙，不敌，转而向西发展势力。
公元前 623 年	率军攻灭绵诸，西戎竞相臣服，秦国称霸西陲。
公元前 621 年	去世。

■关系图谱 ┃

流亡得位

晋文公

■名片春秋Ⅰ

晋文公（公元前697～前628），姬姓，名重耳，晋献公之子。因其父让骊姬之子奚齐继位，被迫常年流亡在外。19年后，借助秦国力量，回国夺取王位。在位时期，励精图治，重视人才培养，大力发展经济，注重军事训练，使晋国迅速强大起来。后与楚国激战城濮，以少胜多，获得最终胜利，成为中原霸主。

■风云往事Ⅰ

◇半生流亡　回国称王◇

重耳，晋献公的儿子。晋献公年老时，对妃子骊姬恩宠有加，爱屋及乌，想把骊姬的儿子奚齐立为太子，就于公元前656年杀死了原来的太子申生。太子死后，使重耳和夷吾两兄弟感到万分恐惧，不得已二人逃亡其他诸侯国避难。

公元前651年，晋献公死，晋国发生内乱，夷吾回国，于公元前650年登上王位，是为晋惠公。惠公视重耳为隐患，想将其除掉。重耳只得再次开

▲ 骊姬与晋献公

▲ 晋献公（？~公元前651），
春秋时期晋国君主

始逃亡。重耳在晋国时，很有声望，身边聚集了不少优秀人才，如狐偃、赵衰、狐毛、先轸等人，都被重耳独有的领袖气质折服，愿意陪他逃亡。

重耳前往狄国，在那避难12年，一次发现有人想行刺他，就逃到了卫国。卫国势小，不敢收留重耳。重耳带着随从们来到一个叫五鹿的地方，饥饿难耐，看到一些百姓正在田间吃饭，重耳口馋不已，让随从去向百姓讨要些吃食。

百姓们不屑于理睬他们，甚至还有人戏耍他们，随手拿了一块泥巴给他们。重耳非常生气，一些手下也摩拳擦掌，想要教训那人。这时，随从狐偃接过泥巴，并向重耳说道："泥巴虽然不是吃的，但寓意为土地，百姓将土地送给您，这真是一个好兆头啊。"重耳听了这话，气消了大半，招呼随从们继续向前赶路。

不久，重耳一行人赶到齐国。当时，正值齐桓公当政，国家势力十分强盛。齐桓公得知重耳前来，立即设宴款待，赠其财物，并选了一个美丽姑娘姜氏嫁给重耳为妻。重耳渐渐陷入安乐窝中，不再想回国，但他的随从却很想回到晋国。于是，随从们背着重耳，到桑树林中商议回国之事，却被一个采桑叶的女仆听到，偷偷告诉了重耳的妻子姜氏。姜氏就向重耳说："听说夫君准备回到晋国去了，这实在是太好了。"

重耳很诧异，辩解道："这是子虚乌有的事，我与娘子在此地相守到终老，岂不是更加快乐？"

姜氏听后，叹息说："你

▲ 晋文公复国图（绢本）（美国纽约大都会博物馆藏）

贵为公子，身后有很多的人追随，你不能为了贪图享乐，而忘记身上肩负的责任。"可是重耳不听。当晚，姜氏找重耳的随从们商量了个办法，把重耳灌醉，把他偷偷送出齐国。

▲ 湖北江陵楚故都纪南城内楚成王雕像

酒醒之后，重耳发现自己已不在齐国，了解了妻子的良苦用心，于是带着随从开始了新的流浪。一段时间后，重耳一行人来到宋国。当时，宋国君王宋襄公身得重病，无暇顾及其他，就命人告诉重耳："我很敬重公子的为人，也想帮助公子回归祖国，可是我现在有病在身，真是没有办法。"

重耳明白了宋襄公的意思，遂离开宋国，半个月后，赶到了楚国。楚成王得知重耳前来，立即设宴款待，重耳很感激，后来两人关系日渐增进，无话不说。

一次宴会上，楚成王与重耳频频举杯畅饮，酒喝到醉意朦胧时，楚成王向重耳问道："如果公子能回到晋国，你打算怎么感谢我们的收留之恩？"

重耳说："我很想报答您，可是贵国物产丰富，富甲天下，什么也不缺，所以，我真拿不出什么好东西来报答您。"

楚成王笑说："难道因为这样，就不报答了吗？"

重耳沉思了一会儿，缓缓说道："倘若我回国做了君主，我愿意与贵国结为友好，使两国的百姓都过上幸福生活，万一两国开战，两军对垒时，我一定率军后退90里，以示感谢。"

▲ 子玉（？~公元前632），楚国令尹成得臣，若敖氏后裔，春秋时期楚国将军

53

▲ 晋文公画像

楚成王听了并没有在意，他的手下子玉却记在心里。宴会结束后，重耳起身回去休息，子玉跑到楚成王面前说："重耳说话爱夸海口，以后肯定是忘恩负义之人，大王怎能留此后患，应立即处死他。"

楚成王没有同意子玉的建议，但二人关系也不似从前般亲密，重耳心若明灯，遂决定离开楚国。恰此时秦穆公向重耳发出邀请，重耳就带着随从奔秦国而去。

秦国是晋国的盟友，曾经帮助夷吾登上王位，可夷吾登位后，却不知恩图报，屡次与秦国作对。夷吾死后，他的儿子圉也与秦国产生矛盾，这个时候，秦穆公就想到了重耳，他想帮助重耳复国，从而缓和两国关系。

公元前636年，秦穆公派大军护送重耳回到晋国，重耳不负众望，联合内外势力杀死圉，自立为王，是为晋文公。

◇南征北战　问鼎中原◇

晋文公是雄才之主，他励精图治，大力整顿内政，积极发展生产，使晋国一步步强大起来。随着国家势力的壮大，重耳也有了雄霸天下的野心，他期望自己能像齐桓公一样，在有生之年，称霸天下。

公元前635年，周王室发生内乱，周襄王的弟弟太叔带借来狄国军队，将周襄王赶出洛邑。周襄王狼狈逃往郑国。他向天下诸侯发布命令，要求诸侯帮他夺回王位。各国诸侯听闻，要么拿钱，要么拿物，却无人愿意出兵帮助襄王。

周襄王一筹莫展，有手下进谏："当今天下诸侯中，只有秦国和晋国能帮助大王打败狄人，其他诸侯都没什么用。"襄公听后，将众诸侯打发走，并派人到晋国求救。

晋文公觉得这是晋国扬威的好时机，立即率兵攻打狄人。狄人不敌，退走西北，太叔带等吓得慌忙逃跑，却死在了晋军的乱箭之中。

公元前633年，楚国联合陈、蔡、郑、许等诸侯国向宋国发动进攻，宋国力量薄弱，派使者到晋国求救。晋文公召集大臣商议此事，大臣们说："楚国自诩兵强马壮，常欺负周边邻国，尽失人心。若此时大王出兵帮助宋国，定会赢得天下诸侯的支持，我国霸业也指日可待。"晋文公思量再三，认为想要称霸中原，必须要打败楚国。于是，他整顿军队，向楚国方向行进。

第二年，晋军攻下楚国的附属国曹国和卫国，并俘虏了两国国君。楚成王听说后，赶紧命子玉撤退。可子玉不听，他向楚成王送信："臣认为攻克宋国在即，不易于撤军，请允许臣将战斗进行到底。"楚成王心有不悦，只给了他一小部分兵力。

子玉为争取战场主动，派使者到晋军大营，要求晋文公释放曹、卫两国君王。晋文公将计就计，告诉曹、卫两国君王，可以让他们回去继续做王，但必须与楚国断绝关系。这一提议得到了曹卫两国的同意。

子玉本来想争取盟友，没想到却拿起石头砸了自己的脚，心里越想越气，最后率军向晋军攻去。

晋文公得知楚军来攻，命全军后退90里。军中将士很费解，就向晋文公进谏："您是一国之君，对方只不过是一个将军，难道还怕他不成？"晋文公微微一笑，回答说："我们打仗要打得理直气壮，想当年本王在楚国避难，曾答应楚成王，两军交战时，要主动后退90里，今天本王下令后撤，就是实现这个诺言。如果他们依然穷追

▲ 先轸（？~公元前627），春秋时期晋国名将、军事家

不舍，我们再与其动手也不迟。"随后，晋军缓缓后退，撤至城濮，恰好为90里，便停下来，开始排兵布阵。

楚将子玉见晋军后撤，以为晋军不敢应战，喜出望外，即刻率军追赶。很快，楚军赶到城濮，与晋军形成对峙之势。子玉派人向晋军主帅先轸下战书，言辞傲慢无比。先轸便回信说："我王率军退后90里，已经报答了楚王的恩德，如今将军还是穷追不舍，我们只有在战场上分出高下了。"

城濮大战就此揭开了序幕，晋军士气高涨，个个身先士卒，奋勇争先，楚军则萎靡不振，畏惧战斗，双方刚刚交战，楚军就呈现劣势。晋文公大喜，令人擂鼓助威，鼓声震天，扰乱了楚军心神，个个吓得魂飞魄散，晋军一鼓作气，杀得楚军溃不成军。

最后，楚将子玉率残部逃到西南连谷休养。楚成王得知后，大动肝火，欲将子玉处死。子玉也深感羞愧，挥剑自杀。

晋国军队打败楚军后，凯旋回国，晋军大胜的消息随之传遍天下。周襄王认为晋文公有功于社稷，亲自到践土慰问晋文公。晋文公乘此机会，在践土为周襄王建立了一座行宫，约请天下诸侯到此地会盟。至此，晋文公成为继齐桓公之后的又一位霸主，扛着"尊王攘夷"的大旗，担负起维护东周秩序的重任。

公元前630年，晋文公联合秦国军队攻打郑国，遭到郑国大臣烛之武破坏，最终撤军。之后，拥护公子兰登上郑国王位，是为郑穆公。

公元前628年，晋文公病危，将国家大事托付于上大夫赵衰，后溘然离世。

■ 历史评价 I

晋文公在外流亡19年，归国却仅仅当政9年，

未尽行赏，周襄王以弟带难出居郑地，来告急晋。晋初定，欲发兵，恐他乱起，是以赏从亡未至隐者介子推。推亦不言禄，禄亦不及。
——《史记·晋世家》

但他的政绩非常突出。称霸中原，仅是他政绩的一部分。他在位时期，大力改革政治经济，为晋国的繁荣昌盛奠定了深厚的基础。他制定了很多法令，使偏隅一方的晋国，一举成为雄踞中原的超级大国，在一定程度上稳定了天下时局，将诸侯国之间的战争控制在了最小范围。他对后世的影响也是巨大的，尤其是对汉高祖刘邦的影响。有史料为证："昔晋文公纳周襄王，而诸侯服从；汉高祖为义帝发丧，而天下归心。"

■大事坐标 |

公元前 697 年　出生。
公元前 656 年　晋献公杀死太子申生，公子重耳开始逃往生涯。
公元前 650 年　夷吾登上王位，是为晋惠公。惠公对重耳产生疑心，
　　　　　　　派刺客刺杀重耳，重耳再次开始逃亡。
公元前 636 年　借助秦国力量，回国登位，是为晋文公。
公元前 635 年　率兵打败狄人，帮助周襄王复位，名震天下。
公元前 632 年　晋楚城濮之战爆发，晋军获得重大胜利，在践土召开
　　　　　　　诸侯大会，成为中原霸主。
公元前 628 年　去世。

■关系图谱 |

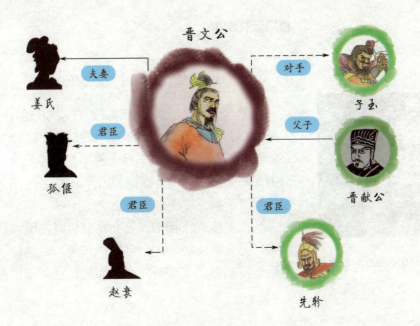

十年磨一剑

勾践

■ 名片春秋 ▏

勾践（？～前465），姒姓，名勾践，又名鸠浅、菼执，夏虞禹后裔，越王允常之子，春秋末期越国君王。在位时期，曾被吴王夫差打败，屈服求和。后重用范蠡、文仲卧薪尝胆，发愤图强，国家逐渐强盛起来。公元前473年，与吴军决战姑苏，大军一举攻灭吴国，震惊天下，由此成为春秋时期的最后一位霸主。

■ 风云往事 ▏

▲ 浙江绍兴吼山风景区内越王勾践雕像

◇吴楚交战　勾践求和◇

夏朝君王大禹巡游天下时，曾在越地分封诸臣，大禹死后，也葬于越地。少康执政时期，唯恐夏朝宗庙祭祀断绝，将其庶子封于越地，号为无余。越国由此而来。贺循《会稽记》里曾记载："少康，其少子号曰于越，越国之称始此。"

越国王位代代相传，到允常登位时，国家日渐富强。公元前497年，允常死，其子勾践继位。一年后，吴国君王阖闾听闻允常去世，立即率军攻打越国。越王勾践率军迎战，双方交战时，勾践派出敢死队，冲入吴军阵地，舍生忘死，奋力砍杀，杀得吴军胆战心惊，越军主力趁此向吴军发动总攻，杀敌不计其数，并射伤吴王阖闾。阖闾见势不妙，退军归国，后伤势太重，弥留之际叮嘱儿子夫差，一定要灭掉越国，为自己报仇。

吴王夫差继位后，未忘先父遗愿，日夜操练兵马，准备来日大举进攻越国。越王勾践得知后，决定先发制人。越军远征吴国时，大臣范蠡劝谏说："擅动刀兵，背离道德，抢先开战是最受人唾弃的事情，如今大王还要亲自参与此事，难道就不怕上天怪罪吗？还请大王停战争，使天下重归安宁。"越王不听，喝退范蠡，率大军向吴国进军。吴王夫差率领全国精锐部队迎击越军，双方激战于夫椒，越军不敌，退至会稽。吴王乘胜追击后将会稽团团包围起来。

越军被围，勾践心急如焚，就向范蠡问道："如今我军被敌军团团包围，该如何是好？"范蠡答说："大王要想活命，可派遣大臣携带礼物向吴王求和，若吴王不答应，您就亲自到吴王面前请罪，祈求他收您为仆人，之后再想办法。"勾践说："事到如今，也只能这样了。"于是派大夫文仲去向吴王求和。

文仲见到吴王后，跪地大礼，边叩头边说："大王的手下败将勾践让我前来请罪，希望您能收勾践为奴仆，允许他的妻子成为您的妃子。"吴王听后，非常高兴，决定答应此事。这时，伍子胥向吴王进谏道："大王不要贪图一时痛快，而应直接灭掉越国。"吴王觉得有理，便把文仲赶了出去。

文仲求和失败，勾践万念俱灰，他决定杀死自己的妻儿，焚烧国家的宝器，亲自率军与吴国拼命。文仲劝阻说："大王不要慌张，臣听说吴国太宰嚭非常贪婪，我们可用重金去贿赂他，请您允许我请见他。"之后，文仲见到太宰嚭，献上重金、美女，希望嚭能为越

▲ 勾践画像

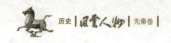

国说情。

太宰嚭见钱眼开，答应了文仲的请求，向吴王说道："越王对您十分敬仰，甚至还称愿做您的仆人，如果您赦免了他，将对我国非常有利。"吴王欲答应此事，伍子胥又进谏说："大王不能答应，如果今日赦免了越王，日后肯定会后悔的。勾践雄心勃勃，其臣子范蠡、文仲十分贤德，以后勾践回国，势必后患无穷。"但这次吴王听信了小人，放走了越王。

有志者事竟成，破釜沉舟，
百二秦关终属楚。
苦心人天不负，卧薪尝胆，
三千越甲可吞吴。

◇卧薪尝胆　攻灭吴国◇

勾践回国后，吸取失败的教训，为了时刻提醒自己，将一苦胆悬挂在座位上，每天都去品尝，并时刻告诫自己一定不能忘记会稽之耻！之后，他亲自参加耕作，不吃荤菜，不穿华服，尊重贤才，救济贫穷的百姓，渐渐将民心凝成一股绳。

勾践欲让范蠡管理民生大事，范蠡拒绝说："行军打仗的事情交给我，我肯定能胜任，安抚百姓的事情我却不擅长，大夫文仲才是最合适的人选。"勾践听从他的建议，将国家政务全权委托给了文仲，并让大臣范蠡和柘稽去吴国做人质，两年后，吴王才将这二人放回。

七年后，越国再次强盛起来，勾践认为报仇的时间已到，就召集众臣商议。大臣逢进谏说："国家刚刚安定，不适合大兴刀兵。再说若我们整军备战，吴国肯定会知道，我们必会大难临头。凶狠的老鹰捕捉猎物时，首先要隐藏好自己。如今，吴国自恃强盛，欺压天下诸侯，表面看似威风无比，实则丧失天下百姓之心。大王要真想灭亡吴国，不如表面上依旧向吴国称臣，暗中结交齐、楚、晋等与吴国有仇怨的国家。如此一来，

▲ 越王勾践佩剑

我们不但能使吴国对我国产生轻视，还能联络其他三国势力，让他们攻打吴国，等到吴国兵力疲惫之时，就是我国向他们开战之时。"勾践深表赞同。

又过了两年，吴王夫差欲率兵攻打齐国。大臣伍子胥劝谏说："大王千万不要攻打齐国。臣听说越王勾践归国后，汇聚民心，国力大增，实乃我国的大敌。我国已经有了越国这个心腹之患，如今您却想与齐国交战，实在不是好的预兆。"吴王不听，率兵攻打齐国，后在艾陵击败齐军，大军凯旋。然而，伍子胥非但没有恭喜吴王，还对吴王说："大王不要高兴太早，吴国的好日子就快到头了。"吴王不悦，开始疏远伍子胥。

越国大夫文仲听说吴国君臣不和，心中大悦，后为了揣度吴王对越国的态度，故意向吴王借粮，吴王表示答应，伍子胥却坚决反对，但最后吴王仍然将粮食借给了越国。伍子胥无奈地说："大王不听我的谏言，几年后，我国肯定会被越国灭亡。"吴王甚为气愤，但念在伍子胥劳苦功高，也就作罢。

一天，吴国太宰嚭向吴王进谗言："伍子胥表面上忠厚老实，实际上却很残忍，他曾经为了活命，连父母兄弟的命都不顾，这样的人怎么能留在您身边呢？您上次攻打齐国，他出面劝阻，您得胜归来，他却对您大加讽刺。长此下去，他必将祸乱朝政。"吴王信以为真，便派人将属镂剑拿到伍子胥面前，让其自刎。伍子胥从使者手中接过宝剑，仰天长叹说："想当年，我辅佐先王称霸，辅佐新王登基，立下不世之功，如今君王却要置我于死地，难道我真的错了吗？"随后，他好像想到什么似的，对使者厉声说道："我没有错，我对国家的忠心天地可表，如今君叫臣死，臣不得不死，我死后你要取出我的双眼，

▲ 卧薪尝胆

▲ 吴王夫差铻

▲ 吴王夫差矛

挂在城门上，我要亲眼看着越国攻来的军队。"言罢自刎而死。

越王勾践听说伍子胥自杀，就对范蠡说："伍子胥已死，吴国再没有可用贤臣，我们是不是可以向吴国发兵了？"范蠡说："还是要等一等，大王切不可操之过急。"

公元前 482 年，鲁国鲁哀公和晋国晋定公约请吴国夫差到黄池会盟，夫差听后，率精锐部队前往赴会，仅留下一些老弱病残陪着太子留守城池。此时，勾践又向范蠡问道："现在我们可以出兵了吗？"范蠡说："现在正是时候。"于是，派出 5 万大军攻打吴国，吴国太子听说越军来袭，忙组织军队抵挡，但根本抵不过越国精锐军队，吴军被杀得落花流水，吴国太子也死在战场上。

吴王正在黄池与各路诸侯畅饮，突听己国使者来报战况，心中大惊，赶紧率兵回国防御，越王勾践见吴军精锐归来，认为不可力拼，就与吴王讲和，领兵回国去了。后来的几年，越国频频向吴国发兵，吴军不是对手，最后退守姑苏城。越王勾践乘胜追击，将姑苏城团团包围。

吴王命大臣公孙雄到越国求和，希望越王能念当年恩情，放自己归国。勾践冷笑说："会稽山之事，是上天要将越国献给吴国，吴国却没有要。今天上天要将吴国赏赐给我越国，我们怎么能违背天意呢？你回去告诉吴王，这事绝不可能，如果他想做我的仆人，我也可以考虑。"

吴王夫差听后，心中惭愧不已，抽出属镂剑，似曾看到贤臣伍子胥的身影，长叹说："我此生再无脸面去见子胥了！"随后挥剑自刎。吴王死，吴军再无斗志，向越国投降，越王率军进入姑苏后，安葬了吴王，杀死了太宰嚭。

随后，越王勾践率兵渡过黄河，至徐州与宋、鲁、齐、晋等国诸侯汇合，并向周王室进献贡品。

周天子命人将祭祀肉赏赐给勾践，封其为"伯"。此后，越王勾践雄视长江流域，四方诸侯纷纷来贺，勾践终于实现了自己的霸业，成了春秋五霸中的最后一位霸主。

■历史评价｜

　　勾践一生雄心勃勃，早年率兵攻吴失败，听从文仲建议，向吴称臣。归国后，卧薪尝胆，重用贤才，与民同甘共苦，历经十年生聚、十年教训，使国家逐渐变得强盛起来，而后率兵踏灭吴国，成为春秋时期又一位霸主。他的一生告诉人们：人生不怕失败，只要能吸取教训，一切还可以从头再来。他的成功故事也成为激励人们奋发向上的励志传奇。

■大事坐标｜

公元前 497 年　越王允常死，继承王位。
公元前 496 年　率军打败吴军，吴王阖闾战斗中受伤过重，不久死去。
公元前 494 年　吴越大战夫椒，越军不敌，被困会稽山，向吴国求和。
公元前 473 年　越国灭掉吴国，完成霸业。
公元前 465 年　去世。

■关系图谱｜

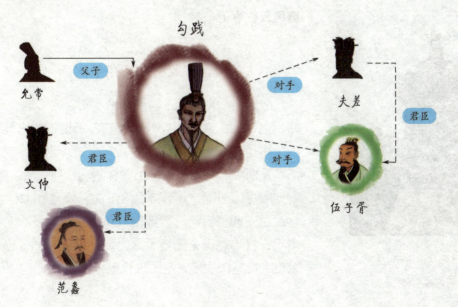

胡服骑射

赵武灵王

■名片春秋┃

赵武灵王（？～前295），嬴姓赵氏，名雍，赵肃侯之子，韩赵魏三家分晋后，赵国的第六代国君。在位时期，采取"胡服骑射"的政策，使国家军事力量空前强大，先后灭掉中山国，打败林胡、楼烦等国，新建代、云中、雁门三郡，扩大了赵国所属版图。公元前295年，死于沙丘之乱，被追谥号为赵武灵王。

■风云往事┃

◇胡服骑射　功在千秋◇

战国中后期，天下时局动荡不安，齐、楚、燕、韩、赵、魏、秦七国攻战不已。各路诸侯为求能在乱世中生存，纷纷寻求富国强兵之道。当时，赵国都城是邯郸，其周围被中山、林胡、楼烦、胡、魏、秦、燕等国包围，其形势之险堪忧。公元前326年，赵武灵王即位。秦、魏等国欺负他年少，多次对赵用兵，打得赵国毫无还手之力，楼烦、林胡等国也乘机袭扰赵国边境，赵国政权摇摇欲坠。

▲ 河北邯郸丛台广场上的
赵武灵王铜像

几年后，赵武灵王渐渐长大，他决定奋发图强，振兴走向衰败的赵国。他仔细分析了赵国当前的境况，认真研究国家振兴之方法，以超凡的魄力，毅然做出决定，抛弃以前的穿戴装束和作战方式，学习北方游牧民族的军事优点，在全国范围内推行"胡服骑射"。他认为要改变赵国当前被动挨打的局面，依靠传统步兵与战车配合作战的方式是不可行的，因为步兵无法应对冲击性、机动性很强的骑兵，战车也只适合在平坦的地方作战，所以必须先学习游牧民族的长处，不断壮大自身，然后再用骑兵对抗骑兵，逐步增强赵国的军事力量。同时，中原宽肥的衣服不适合马上作战，只有胡人的短衣紧袖才能适应骑兵作战。在华夏礼乐文化自负的氛围中，他敢于突破，敢于改革，敢于用胡服取代汉服，这足以证明他是一个具有雄才大略的君王。

然而，赵武灵王实施"胡服骑射"的政策才一制定，便引发了朝廷上下一片反对之声。他的儿子赵成说："父王变更古人之道，变更民风民俗，一定会不得人心，还是就此打住吧。"赵武灵王说："有大才的人做事，要根据现状来决定实施什么样的策略，如果对国家有利，如果能使国家走向富强，我们就应大力倡导。"赵成听后，还想再出言劝阻，此时，赵武灵王突然拉弓引箭，只听"嗖"的一声，一箭射出，深深地射入城楼上的梁木中，随后向赵成等人说："谁还反对这次改革，当如此木。"赵成等人面容失色，不再出言反对。

"胡服骑射"政策实施初期，赵武灵王率军夺取原阳。此地水草丰美，是一个绝佳的天然牧场，也是训练骑兵的理想之地。于是，赵武灵王便把此地当作"胡服骑射"政策的试点。《战国策》注云："武灵王破原阳以为骑邑者，盖始教一邑，然后行于境内。"不久，此地训练的士兵的战斗力得到极大增

胡服

古代汉人对西方、北方各族胡人所穿服装的总称，后亦泛称汉人除外的外族服装。胡服一般多穿贴身短衣，长裤和革靴。衣身紧窄，行动便利。胡服在赵武灵王推行"胡服骑射"之后成为中国军队中最早的正规军装，以后逐渐演变为盔甲装备。他使"习胡服，求便利"成了我国服饰变化的总体倾向，缩短了中原华夏民族与北方游牧民族之间的心理距离，奠定了二者融合的基础，进而推进了民族融合。

▲ 河北邯郸赵武灵王塑像

▲ 河北平山东中山国遗址

强，赵武灵王大喜，遂决定在全国范围内推广"胡服骑射"。

为了更好地推行"胡服骑射"政策，赵武灵王特意从北方边境人民之中挑选出体格彪悍、善于骑射之人，为他们配备马匹和良弓，另外，他还收编了国家边境的游牧骑队，加以训练，多管齐下，从而培养出更为强大的骑兵部队，赵国的军事力量大大增强了。

随着"胡服骑射"政策的推行，赵国军事力量日渐强盛，常年被别国攻打的被动局面大为改善。赵武灵王一声令下，骑兵纵马北上杀敌，一举灭掉中山国，重创林胡和楼烦两国。赵国也由此一跃成为北方地区的军事强国，其影响力甚远，一直到其他六国联盟瓦解，纷纷向秦国示好时，赵国军队还能西抗秦军，北拒匈奴。

在打败林胡和楼烦两国后，为了免受胡骑袭扰，赵武灵王在北方边境地区修筑长城，大致范围是：西起高阙塞（今内蒙古五原西北地区），东至无穷之门（今河北张家口之外）。长城修筑完成后，起到了重要的防御作用，边境人民的生活重归安宁，这为后来秦国统一北方地区奠定了基础。赵武灵王还在新开辟的地区设置了代、云中、雁门三郡，归还奴隶们的自由，让他们去三郡定居垦荒，一定程度上加快了国家土地私有化进程。

"胡服骑射"政策的影响十分深远，不仅仅局限于战国时期，对中国社会以后的发展也起到了非常积极的作用。赵武灵王让人们穿胡服，原本为了适应作战的需要，但后来人们发现，身穿胡服更利于参加劳动耕作及其他社会实践活动，由此对后世人民产生巨大影响。如齐、楚两国争先效仿；汉朝时将胡服作为武官专用衣服；南北朝后，文武官员皆身穿胡服；乃至后来，无论男女老幼，都开始穿胡服，胡服的实用性渐渐被中原人民所认知和接受。

赵武灵王倡导骑射也对中国以后的战争与交通产生了重大影响。春秋之前，中原地区国与国之间的战争一般都使用战车，马只不过是驾车的工具，交通方面亦如此。赵武灵王在全国范围内倡导骑射，无形中推动了中原骑射的发展，使我国古代战争开始由车战向骑战过渡，这对古代军事的发展影响巨大。后来，马渐渐被骑乘，成为新的交通工具，使两地间的交通更快捷，从而加强了各地区之间的联系，促进了汉族与各少数民族之间的经济、文化交流。赵武灵王推行"胡服骑射"政策，其作用不止于军事，对中华民族的文化交流融合也起到了一定的促进作用。

▲ 胡服骑射邮票

◇欲谋中原　饿死沙丘◇

边境局势稳定后，赵武灵王将目光移至中原地区，他渴望攻灭中原各国，实现自己的宏图霸业。他手中拿着中原七国的地形图，以一种极为凝重的眼神看着西方的秦国版图，他知道如今天下能与己国抗衡的国家只有秦国。为此，他打破君死新君方立的传统，于公元前299年将王位传给儿子赵何，即赵惠文王，并任命贤臣肥义为相国，辅佐新王，自己则号称"主父"，从繁杂的政务中解脱出来，开始专心训练骑兵，静待时机以攻灭秦国。

知己知彼，方能百战百胜。赵武灵王为了取得战争的胜利，化装成使者，冒险进入秦国，窥探秦国地形地势，研究袭击秦国的方略。赵武灵王在秦国停留些许时间后，悄悄随使回国，直到离开秦国国境时，秦王才得知赵武灵王在使者行列之中，急忙命军追赶，可惜人早已不见踪影。

宗周削弱列侯强，
僭拟谁知有陛堂。
独有武灵知大节，
称君已足不称王。
——宋·徐钧

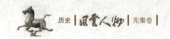
正当赵武灵王欲率兵踏破秦地之时，赵国内部却发生了叛乱。这要从赵武灵王立新王说起。他立幼子赵何为王，引得长子章不悦，他也觉得对不起章，便想将赵国一分为二，封赵何于赵，赵章于代。但在他还没拿定主意之时，两子争夺王位的战争就开始了。《史记·赵世家》曾讲道，公元前295年公子章造反，杀死贤臣肥义，公子成、李兑起兵靖难，败公子章。公子章兵败后投奔主父，主父收容了他。公子成、李兑率兵将主父的沙丘宫包围，之后闯入行宫，杀死公子章。两人怕主父秋后算账，就将主父困在沙丘宫。主父出不去，渐渐粮食断绝，为了充饥，主父只得依靠捕捉小鸟充饥，三个月后，主父饿死在沙丘宫。就这样，赵武灵王这位旷世雄主在外骁勇善战，有勇有谋，反倒死在了儿子们的内讧之中。

"武灵王"其意为："克敌制胜，保家卫国是为'武'；内讧之中而没有损害威严，是为'灵'"。对于赵武灵王来说，这样的褒奖也算是中肯。

▲ 山西灵丘赵武灵王墓地

■历史评价 ┃

纵观历史人物，每个人都有着自身的局限性，赵武灵王也难逃其中。他虽开创了"胡服骑射"，但在军事上用心过重，而忽略了对国家政治的把握，在王位继承问题上，又显得优柔寡断，感情用事，终造成内讧，死于饥饿。尽管如此，赵武灵王仍是一个难得的英主，他的"胡服骑射"政策，对中原影响很大，是中国古代历史上一个敢为天下先的军事家和改革家。梁启超称赞这位杰出旷世君主："自商、周以来四千余年……其稍足为历史之光者，一曰赵武灵，二曰秦始，三曰汉武，四曰宋，如斯而已！如斯而已！而四役之中其最足为吾侪子孙矜式者，惟赵武灵！"

■大事坐标 ┃

公元前 326 年　赵肃侯死后继位。
公元前 307 年　下令推行"胡服骑射"政策。
公元前 299 年　传位于幼子赵何，是为赵惠文王。
公元前 295 年　在沙丘之乱中饿死于沙丘宫。

■关系图谱 ┃

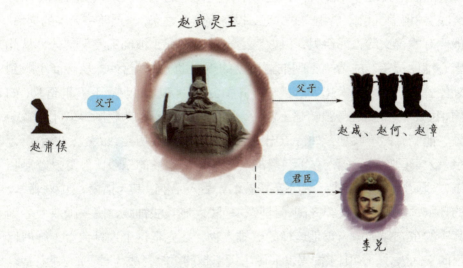

赵武灵王

父子

父子

赵成、赵何、赵章

赵肃侯

君臣

李兑

第二编

千古将相传后世

　　乱世出英雄。先秦时代，是一个彻头彻尾的乱世。无数英雄豪杰从社会底层中脱颖而出，借用文武才艺，投身到帝王之家，一展兼济天下的抱负。他们有的善文治，如伊尹，以奴隶之身奋发图强，被商汤发现其才，从此忠心辅佐周室，成为周王朝推翻夏朝的重要助力；如管仲，从小商小贩到辅佐公子纠，经历大起大落，转奔齐桓公，为齐国霸业立下旷世奇功；如蔺相如，以文弱之身跟随赵王左右，多次怒斥强秦，为赵国赢取了无数荣誉。他们有的善武功，如行伍出身的白起，一生经历无数大战，杀敌百万余，为秦国攻灭六国，立下赫赫战功；如远离家乡的乐毅，孤身投奔燕昭王，领兵打仗战无不胜，闯下英勇威名，后人无不以其为楷模；如双脚残废的孙膑，忍辱负重投奔齐国，桂陵、马陵大显兵法神威，使齐国成为名副其实的东方强国……正是这样的英雄人物，在先秦这个大舞台上，施展自己的文武大才，为国家振兴发展做出了卓越的贡献，成为君王的左膀右臂。他们影响着君王，进而影响国家，影响天下大势。所以，后来的君王们悟出一个真理：得人才者得天下。

渭水垂钓渔翁　文韬武略奇才

姜尚

■名片春秋 |

姜尚（公元前 1156 ~ 前 1017），姜姓吕氏，名尚，一名望，字子牙。俗称姜子牙，或称姜牙，也称吕尚。商朝末年人。他辅佐周文王和周武王夺取了商朝的天下，辅佐了周朝六代的国王，被封于齐国，是齐国的始祖"太公望"。姜尚是我国享有盛名的政治家、军事家和谋略大师。

■风云往事 |

◇天下求志　漂泊生涯◇

据说姜尚的祖先在舜帝的时候就是朝廷官员，舜帝把他的祖先封在了吕地，所以，他们世代就把吕当作姓氏了。可叹的是，姜尚生不逢时，家族到他这一代的时候已经破落。姜尚一贫如洗，为了生存，四处流浪。他年轻的时候就到了商朝的都城朝歌，操起了宰牛卖肉的生意，可是他并不擅长经商，从来都没有赚过钱。

渐渐地，他支撑不住了，只好还清欠债，逃离朝歌。当他来到孟津之后又卖起酒来。可是，他不

▲ 姜尚画像

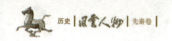

是做生意的材料，无论他做什么生意还是赔。他在孟津和朝歌流浪了大半生还是一贫如洗，对于自己满腹治国理念，却无用武之地，无人赏识，也无人理解。

姜尚年岁渐老，除了读书和思考之外，还是未找到足以谋生和一展抱负的机会和平台。当他流浪到西岐的渭水河畔时，看到那里山清水秀，环境秀丽，就决定在渭水河畔钓鱼以度晚年！

◇兴周伐纣　终成大业◇

西岐的西伯侯是一个贤明的人，被商纣王释放后，西岐的老百姓都在庆祝。西伯侯召集贤良，励精图治，经过多方查访，听说了姜尚的消息，他亲自便服简行，来到了渭水河边，请姜尚协助他治理国家。而这时，白发苍苍的姜尚早已放弃了从官的想法，但为了天下苍生，姜尚最终被西伯侯的诚心感动，就答应了他。

姜尚向西伯侯提出了兴周伐纣的良策，他说："作为国君要做到这三点，一是要召天下举纳贤良，二是要任用贤良，三是让国人都敬重贤良。"他的主张与西伯侯想法不谋而合，西伯侯大喜，宴请姜尚并把他请到上座，高兴地说："我的老祖先说过，当有圣人来到西周之后，我们西周才会真正地昌盛起来。"西伯侯遂拜姜尚为太师，让他统领西周所有的军队。

姜尚辅佐西伯侯，让西周逐渐强盛起来，眼看着西周就要联合诸侯进行兴兵大计了，未曾想到年老已迈、为国事操劳的西伯侯去世了。

▲ 陕西宝鸡幡溪姜太公钓鱼像

西伯侯逝世之后，他的儿子姬发继任，姬发拜姜尚为尚父。姜尚在西岐发展经济，使西岐先富裕起来，国富民强，这样西岐讨伐商纣就有了物质基础。然后姜尚又采取策略联合诸侯，孤立商纣，扩大了西岐的势力，商朝大约有三分之二的土地都被西岐所掌管。

为了进一步巩固统治，姬发请教姜尚如何既轻罚人民又让他们不敢触犯国法；既很少奖赏，又能让他们多多行善；行政不用很繁琐就能够教化天下黎民。针对这个问题，姜尚采取了杀一儆百的做法，让人们有所忌惮，让西岐的行政能够做到令行禁止，这样一来，西岐的政治更加清明了。

▲ 周武王（约公元前1087~约前1043），姓姬，名发。周朝第一代王

商纣不得民心，许多诸侯都归顺了西岐，还有许多老百姓不远万里来西岐定居。约公元前1048年，姜尚召集军队，带领全军在孟津与各方诸侯会师。诸侯希望武王下令讨伐商纣。姜尚仔细地分析了形势，认为讨伐商纣的时机尚未成熟。

公元前1046年，商朝的内部发生了剧烈的变化，比干被剖心，梅伯被剁成肉酱，黄飞虎也反出朝歌，箕子被贬为奴隶，微子启抱着祖宗牌位逃离了朝歌，为了求得生存，也为了给自己的亲人报仇雪恨，还有一部分忠臣良将投奔了西岐。武王看到如此情

▲ 连环画《姜子牙伐纣》

境甚是欢喜，他马上到帅府问尚父："商朝的臣子逃的逃，死的死，现在的时机成熟了吧？"姜尚说："这是上天赐予的好机会，机不可失，时不再来，且反会受到灾祸。"

公元前1046年，武王命令兴兵伐纣，并且派人员通告诸侯。武王带领庸、蜀、羌、微、卢、彭、濮会合后的大军在牧野与商纣的军队发生了激战，这就是著名的牧野之战。为了削弱敌人的士气，姜尚还在阵前历数纣王的十大罪状，一些商纣军队的士兵听了反过来加入讨纣的队伍。这样，商纣的17万军队一触即溃。在取得胜利后，姜尚斩了纣王的妖妃妲己。纣王也在鹿台自焚而亡，商朝的天下就此谢幕。

■ 历史评价 |

姜尚一生命运跌宕起伏，在青壮年时期漂泊流浪，没有得到施展才能的机会，到了耄耋之年才被西伯侯姬昌起用为相。文韬武略，智勇双全的姜尚扶周灭纣，为周朝创立了一片天下，当周朝建立之后又辅佐6位帝王，为西周的安定和强盛做出了巨大的贡献。在兵家韬略上姜尚也是谋略家的鼻祖，传说张良拜师时老师传授的就是姜尚的《太公兵法》，《六韬》也是姜尚所作。姜尚还留下了一本很神秘的书，那就是《太公阴符》。据说苏秦师从于鬼谷子，鬼谷子将这本书给了苏秦，苏秦昼夜苦读，最终成就霸业，挂六国相印而衣锦还乡。

在封神传说中，姜尚也主持了天人封神的巨大活动，古代的神话传说《封神演义》便留下了有关姜尚封神的历史佳话。

■**大事坐标** ┃

公元前 1156 年　　出生。

公元前 1048 年　　辅佐周武王在孟津大会诸侯。

公元前 1046 年　　率领西周的大军统领多方诸侯，联合多个部落与商纣
　　　　　　　　　的 17 万大军在牧野展开决战，史称"牧野之战"。

公元前 1017 年　　去世。

■**关系图谱** ┃

姜尚

周文王　君臣　　　　君臣　周武王

天下归心　人伦始祖

周公

■名片春秋 |

周公（生卒年不详），姬姓，名旦，亦称叔旦、周公。周文王姬昌第四子，周武王之弟，西周时期著名的政治家。周武王临终前封周公为监国，辅佐儿子周成王。此后，周公一心辅佐成王，平定三监之乱，迁都洛邑，制定礼乐，成为西周历史上著名的贤臣良辅。

■风云往事 |

◇周公辅政　平定三监◇

公元前 1046 年，商朝灭亡，周武王建立西周王朝，分卦众臣，正是施展治国雄才之际，却突然病重。武王弟周公闻听，立即在宫外摆上香案，杀牛宰羊，祭祀天地，希望能用自己的生命换回武王的健康。在那个时候，舍己救君王，是一件非常轰动的事情。

由此，可以体现周公为国家鞠躬尽瘁死而后已的精神。这也是为什么武王会选择将国家大事交给他管理的原因。

▲ 周公画像

公元前 1043 年，周武王病死，儿子诵继位，是为周成王。成王尚年幼，周公奉命摄政监国。但周公的哥哥叔鲜却认为王位就应该由他来继承，对周公监国非常不满。叔鲜联合叔度、武庚起兵造反。武庚是商纣王的儿子，牧野之战时期投奔武王，被封为王，统治一方。听闻叔鲜、叔度约请自己出兵反周，武庚毫不犹豫就同意了，为了壮大力量，他还联络了不少殷商旧臣共反西周，致使西周局势处于危急状态。

周公为了保住西周辛苦建立的政权，立即率军前往平叛，在姜尚的辅佐下，周公很快就平定了"三监"之乱，斩杀了叔鲜和武庚，流放了叔度。

"三监"之乱后，周公为彻底剿灭叛逆，继续率军东征，很快，周朝的军队就将中原大部分地区尽收于西周王朝，版图西至关中，东至海滨，并将叛臣赶往蛮荒之地。关于周公东征的事情，《诗经》中曾这样写道："既破我斧，又缺我斨。周公东征，四国是皇。哀我人斯，亦孔之将。"大意为："士兵们远离家乡，跟随周公东征，战斗相当激烈，以至于斧头都砍出了缺口，不过幸好战争结束后，还能生还祖国。"

◇**分封诸侯　制定礼乐**◇

疆域扩大后，必须要有人来管理。周公取得东征胜利后，开始大封天下。他将宗亲、有

▲ 武庚（？ ~约公元前1039），商纣王之子

功之臣封到各个地区，建立诸侯国，如将弟弟康叔封于卫、儿子伯禽封于鲁、侄子叔虞封于晋、开国功臣姜尚封于齐等，以这些小国家为藩篱，来拱卫周王朝。古书《左传》中曾记载："周公弟二叔之不咸，故封建亲戚以蕃屏周。管、蔡、成、霍、鲁、卫、毛、聃、郜、雍、曹、滕、毕、原、酆、郇，文之昭也。邘、晋、应、韩，武之穆也。凡、蒋、邢、茅、胙、祭，周公之胤也。"由此可见，周公分封之国家非常多。

周公考虑到中原东部土地肥沃，经济发达，觉得应该将统治中心东移，于是决定迁都东方，以适应周王朝统治天下的需要。周公认为洛邑是建都的好地方，就派人前往考察。被派去的人赶到洛邑，对洛邑及周边地区进行了仔细地观察，发现洛邑地处伊川盆地，地势平坦，适于耕种田地，东贴虎牢，西扼函谷，南依龙门，北靠邙山，有山川之险要，交通之便利。他们大喜过望，立即向周公报告，周公便将都城迁至洛邑，因原都城镐京在西边，洛邑在东面，所以，称洛邑为东都，史称"成周"。

单单依靠武力来维护国家的长治久安，是不行的。周公为了稳固大周江山，不但采取了分封制、迁都洛邑的手段，还专门制定礼乐，最终整理出一套适合治理天下的礼法制度。周公制定的这套礼法制度相当于现在的法律，带有强制性。《尚书》中可以体现这种礼法制度，周公希望其弟康叔可以依此来治理当地人民。

周公制礼乐所要解决的问题是区分尊贵贱别。周公也以此而确立了宗法制度。宗法制的核心就是天子的继承权问题。殷商时期，对于王位的继承有两种制度，弟继承兄长王位与子继承父亲王位，而这两种制度总是相互矛盾，弟继承王位后，定会有

《左传》

亦称《左氏春秋》《春秋左氏传》《春秋内传》。相传为春秋末鲁人左丘明作，实际成书时间当在战国中期。旧说与《公羊传》《穀梁传》同为解释《春秋》三传之一，实为记载中国春秋历史的重要史学名著。记叙范围起自鲁隐公元年（公元前722），迄于鲁哀公二十七年（公元前468），主要记载了东周前期间各国政治、经济、军事、外文和文化方面的重要事件和重要人物，是中国第一部叙事体旧的编年史著作。

先王的儿子出来争夺王位，子继承王位后，先王弟又往往不甘心。如此，就会出现争权的问题。殷商王朝时，就曾因为王权继承问题出现过可怕的九世之乱。周公为了避免这种矛盾，决定改变这两种制度并存的局面，王位只能传给儿子，从而杜绝先王弟等人争夺王位的事情发生。实际上，殷商后期，父位子承已经开始实行，如武丁传位于文丁，文丁传位于帝乙，帝乙传位于帝辛等。然而，传子之中又出现一个问题，到底传给哪个儿子？周公就召集众臣商议，最终确立了长子继承制度。周朝之前，没有传位给长子这一说法，如文王传位给武王，就不符合长子继承制度。长子继承制度确立之后，这种关于王权的纷争就大大减少了。

宗法制中还述说了如何理中央与地方、中央内部、地方内部的等级关系问题。周公将周天子视为太宗，宗亲为小宗；诸侯在其国为大宗，同姓公卿为小宗；公卿在其家为大宗，其同姓之民为小宗。这样一层层往下推，天子站在了金字塔顶，为国家最高贵的统治者，宗亲站在天子之下，诸侯站在宗亲之下，公卿站在诸侯之下，形成了相对严格的梯队统治制度，宗法制度的确立，为以后影响中国几千年的"三纲五常"提供了理论依据。

另外，宗法制还一定程度导致了井田制的瓦解。周天子分封诸侯，命诸侯统领一方，共同保卫王室，就必须确保诸侯封地的稳定性。于是，周公分封各路诸侯，并规定土地最终所有权归国家，他人不得互相买卖。这充分体现了"普天之下，莫非王土。率土之滨，莫非王臣"的说法。

周公制礼乐，提高了天子的威严，加强了中央对地方的统治。

《尚书》

又称《书》《书经》，为一部多体裁文献汇编，是中国现存最早的史书。分为《虞书》《夏书》《商书》《周书》。战国时期总称《书》，汉代改称《尚书》，即"上古之书"。因是儒家五经之一，又称《书经》。

天下无道，则礼乐征伐自诸侯出。自诸侯出，盖十世希不失矣；自大夫出，五世希不失矣；陪臣执国命，三世希不失矣。

——《论语》

三纲五常

中国儒家伦理文化中的重要思想。三纲、五常来源于西汉董仲舒的《春秋繁露》一书，但作为一种道德原则、规范的内容，最早渊源于孔子。三纲指父为子纲、君为臣纲、夫为妻纲。五常传说不一，通常指仁、义、礼、智、信。儒教通过三纲五常的教化来维护社会的伦理道德、政治制度，在漫长的封建社会中起到了极为重要的作用。

周公制礼乐两年后，将王位交给成王，自己退居幕后。《尚书·召诰·洛诰》中曾有周公与成王的一段对话，经后人考证，讲的是周公主动退位的事情。国家陷入危难之时，周公挺身而出，担当起王的重任；国家走向富强时，他不贪恋王位，毅然让位。这种无私的精神，为后人所赞颂。

然而，周公让位，并不意味着对朝政不管不问，他时常告诫成王，不能贪图享乐，不能骄奢淫逸，不能滥杀无辜，要时刻三省自己，关心民间疾苦，如此国家才能长存。

一年后，周公病重，临终前对随从说："我死之后，一定要葬在都城洛邑，以示意臣子必须臣服于成王。"周公死后，周成王并没有遵从他的遗愿，而是将他埋葬在周文王墓的旁边。成王说："周公有功于社稷，不是大王，胜似大王，我不敢以其为臣。"

▲ 陕西岐山周公庙

■ 历史评价 ┃

周公摄政时期，一年救乱，二年克殷，三年践奄，四年建侯卫，五年营成周，六年制礼作乐，七年致政成王，为大周王朝的稳固发展做出了突出贡献，尤其是创立礼乐制度，为孔子创立儒家学派创造了先提条件，对后世影响极为深远，孔子也对其推崇不已。

■大事坐标 |

公元前 1043 年 周武王病死，儿子诵继位，是为周成王，周公奉
命监国。

■关系图谱 |

春秋名相

管仲

■名片春秋

管仲（？~前645），姬姓，字仲，名夷吾、敬仲，颍上人，春秋时期齐国著名政治家。他少年丧父，母亲年老体衰，不得不提前担负起家庭重担。为了维持生活，与好友鲍叔牙经商，到齐国各辅其主，后几经周折，出任齐国国相，辅佐齐桓公登上春秋霸主之位，被后人称为"春秋首相"。

■风云往事

◇管鲍之交 各保其主◇

管仲，先祖为周王室同宗，姬姓后代。其父管庄曾任齐国大夫，但英年早逝，只留下年迈的妻子与年少的管仲。管仲为了养活老母，与好友鲍叔牙到海滨贩盐，开始经商生涯。两人情同手足，赚到钱后总是互相谦让，为后世留下"管鲍分金"的美谈。

公元前698年，齐釐公病死，其子诸儿继位，是为齐襄公。齐襄公还有两个兄弟：公子纠和公子小白。齐襄公昏庸无道，朝廷众臣无不对齐国前途

▲ 管鲍分金雕像

感到渺茫。当时，管仲和鲍叔牙已弃商从政，管仲辅佐公子纠，鲍叔牙辅佐公子小白。

同年，齐襄公与鲁桓公夫人文姜私通，因被鲁桓公发现，就杀死了鲁桓公。此事发生后，齐鲁两国局势空前紧张起来，大战一触即发。公子纠和公子小白为了保命，分别在管仲、鲍叔牙的保护下到他国避难。其中，管仲保护公子纠赶到鲁国，鲍叔牙保护公子小白赶到莒国。公元前686年，齐襄公的叔伯兄弟公孙无知造反，杀死齐襄公，自立为国君。然而公孙无知的王位还没有坐几日，就被齐国贵族杀死。

公孙无知死后，齐国大臣商议拥立新君。大臣高溪在朝中势力最大，他与公子小白交好，就派人到莒国请公子小白回国登位。公子小白得到消息，与鲍叔牙商议一番，便从莒国借了兵马，快马加鞭向齐国赶去。

鲁国鲁庄公得知公孙无知被杀后，认为这是控制齐国的好机会，就派军护送公子纠回国登位，并命管仲率一部分兵马追赶公子小白。

管仲率军急速追赶，在即墨追上了公子小白。管仲搭起手中弓箭，只听"嗖"的一声，一箭射出，公子小白被箭射中，倒落马下。管仲以为公子小白已死，就率兵回转与公子纠会合。其实公子小白并没有死，管仲的箭正好射在他的铜制衣带勾上，公子小白急中生智，假装被射杀，等管仲走远后，率先赶往齐国。几天后，公子小白就赶到临淄，在鲍叔牙和高溪的支持下，登上王位，是为齐桓公。

齐桓公继位后，很需要有大才的人来辅佐，便决定任命鲍叔牙为相。鲍叔牙却推辞说："臣实在能力有限，根本就没有做相的才能，如今大王想封我为相，是大王对我太过偏爱了。如果大王想偏安一

管鲍之交

指管仲和鲍叔牙之间深厚的友情。《列子·力命》："生我者父母，知我者鲍子也。此世称管鲍善交也。"在中国，人们常常用"管鲍之交"来形容自己与好朋友之间亲密无间、彼此信任的关系。

▲ 齐桓公像

83

▲ 鲍叔牙（约公元前723或前716~前644），春秋时期齐国大夫

隅，臣可以为您分忧，若是大王想称霸中原，则非管仲莫属。"齐桓公怒道："你难道不知道管仲是本王的仇敌吗？他曾经差点要了本王的命啊！"鲍叔牙答："大王不应如此偏执，管仲确实有大才，能够助您成就霸业。您应该忘掉旧日仇怨，与其化敌为友，这样才能使其如效忠公子纠一样为您效力。"齐桓公听后，暗自点头。

公子纠以为管仲杀死了公子小白，觉得已扫除王位前的障碍，就放慢了路程，七八天后才赶到齐国。到齐国边境后才知道齐国已经有了新的君主，新君正是公子小白。

鲁庄公得知公子小白继位，率军攻打齐国，企图逼迫齐桓公让位，齐桓公也不示弱，率军迎战，对峙数日后，鲁军不敌，鲁庄公不得不向齐桓公求饶。齐桓公就向鲁庄公说："我们可以停战，但你必须杀死公子纠，将罪犯管仲交还本国。"鲁庄公立即照做，杀死公子纠，命人将管仲关入囚车，送往齐国。

管仲被押往齐国边境时，好友鲍叔牙亲自前来迎接，亲自为其打开囚车，除去刑具，又命人为其沐浴更衣，然后向其说道："如今齐国君王之位是公子小白，你还是和我一起辅佐齐桓公吧。"管仲说："我侍奉公子纠，非但没有帮助他夺取王位，还不能为他守死节，真是无言面对世人，现在你还让我去侍奉仇敌，天下人会怎么看我？"鲍叔牙微笑说："你怎么这么不开窍呢？大丈夫做事不拘小节，有

▲ 山东淄博管仲纪念馆

功于社会的人，也无须得到旁人的谅解。齐桓公有雄心壮志，你有治世奇才，你要是能辅佐他称霸中原，肯定会流芳百世的。"管仲听后心有所动。

◇奇策治国　尊王攘夷◇

鲍叔牙见管仲心思有所改变，就赶往临淄，向齐桓公说："臣见到管仲后，对他晓之以理，动之以情，他已基本接受我的劝解。等他来到京城时，还请大王用隆重的礼节来欢迎，那样一来，他一定会效忠于您。"齐桓公听从鲍叔牙的建议，亲自到城门口迎接管仲。管仲甚为感动，遂向齐桓公称臣。公元前 685 年，齐桓公任命管仲为相，常与其商议国家大事。齐桓公向管仲询问如何才能使国家走向富强？管仲答说："想要国家走向富强，首先要获取民心。您如果能爱惜百姓，百姓就会拥护您，真心实意地为国家出力。其次要努力发展经济。我国靠近海滨，应大力发展盐业和渔业，来增加国家的财政收入。"齐桓公大悦，将国家内务全部交给管仲来处理。

▲ 管仲画像

在管仲的管理下，齐国很快就走向富强。齐桓公见国家越来越富强，认为称霸时机来临，就征求管仲的意见，管仲谏言："当今天下诸侯之中，比我国强大的国家还有不少，如南方的楚国，西方的秦国和晋国，可他们都是各自逞雄，目无礼法，所以尽管强大，却仍不能称霸中原。周王室虽然走向衰落，但仍是天下共主。自周平王东迁以来，诸侯不去朝拜，这是缺乏宗族法度观念。大王可乘此机会高举'尊王攘夷'旗帜，打击蛮夷，四海诸侯必定会臣服于您。"管仲提出的"尊王攘夷"，大意是尊重周王室，承认周王的领袖地位，联合其他诸侯攻打蛮族，使中原免受侵扰。

公元前 681 年，宋国王子之间发生争夺王位的事件，管仲听说后，劝齐桓公出面调停此事。齐桓公于是照做了。同年，联合宋、陈、郑等国到北杏（今山东东阿北）会盟，成功为宋国平息了一场内乱。此次会盟还有一个小插曲，齐桓公还曾邀请遂国前来会盟，但是遂国拒绝前来，齐桓公大怒，派军灭掉遂国，从而初步建立了自己的威信。

公元前 682 年，齐国与鲁国在柯（今山东东阿北）会盟。此次会盟中，管仲则陪在身边，在齐桓公与鲁庄公交谈之时，鲁将曹沫突然手持匕首来到近前，想要偷袭齐桓公，管仲急忙护住齐桓公，对曹沫说："将军这是要干

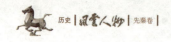

什么?"曹沫说:"齐国仗着自己兵强马壮,占我领土,我要为国家讨还失地。"齐桓公吓得不知所措,连忙答应将土地归还给鲁国,曹沫这才走开。会盟结束后,齐桓公十分气愤,想要毁约,管仲却说:"君不可言而不信,否则定会失信于天下。"齐桓公听后,渐渐冷静下来,后来听从管仲建议,将土地还给鲁国,赢得了诚信之名。

公元前 680 年,宋国背叛北杏盟约。在管仲的建议下,齐桓公一边联合陈、曹等国出兵攻打宋国,一边向周王室求援。周王即派大臣单伯领军与齐、陈、曹等国军队会合,共同攻打宋国,宋国寡不敌众,且不敢背负背叛大周的罪名,只得屈服于齐国。齐桓公的霸主地位渐渐被中原诸侯默认,这基本上都是管仲的功劳。

◇老马识途　病榻论相◇

齐桓公称霸中原的时候,西北方的狄族和山戎族也不断发展壮大,他们时常率兵袭扰周朝边境,给边境地区的诸侯国带去了深重的灾难。公元前 664 年,山戎军队又来进攻燕国,燕国不敌,向齐国求救。齐桓公正在筹划如何攻灭楚国之事,听闻燕国有难,也不想率兵支援。这时,管仲向齐桓公进言:"当前楚国虽然势力日增,但其国人安逸纵乐,所以根本不用太多在意,反倒是西北方的山戎和狄族,他们吞灭中原的野心尽人皆知,此次您若

微管仲,吾其被发左衽矣。
——《论语·宪问》

▲ 管仲尽孝图

能率兵帮助燕国打败山戎军队，定能获得各国诸侯的拥戴。"齐桓公觉得很有道理，遂率兵前往支援燕国。山戎军队不是齐军对手，大败而逃，齐军乘胜追击，占领数百里土地。战后，齐桓公又将占领的土地全部送给燕国，此后，燕国对齐国更是言听计从，感激不尽。齐国的威望达到顶峰。

公元前 659 年，南方楚国率兵攻打郑国，齐桓公在管仲的劝说下，联合宋、陈、鲁、卫、郑、许、曹等国军队南下，兵锋直逼楚国边境。楚国在这种情况下，派出大臣屈完找齐桓公谈判。屈完见到齐桓公便说："我国在南海，你们在北海，两地相隔千里，没有什么交集，不知今天你们来这里想要做些什么？"当时管仲就在齐桓公身边，遂代替齐桓公回答说："你我两国之间本无关联，可是你国国王不尊重周王，还欺负邻国，这是所有有正义感的国家都不能坐视不管的。另外，周武王在位时期，曾对我齐国先祖姜尚说过，不管是王侯，还是相伯，只要犯了错，都可以去征讨。所以，我王今天才会前来向你们问罪。"屈完理屈，告别齐桓公，回到楚国。不久，楚国君王向齐桓公求和，齐桓公这才率众国联军退回。

公元前 652 年，周惠王死，太子郑本欲继位称王，弟弟子带却横加阻拦，郑无奈，向齐国求救。齐桓公率军前来，教训了王子带，拥立郑登位，是为周襄王。

公元前 645 年，管仲身染重病，齐桓公赶来探望，并询问他谁能继任相位，管仲轻轻摇头，齐桓公又问："鲍叔牙如何？"

管仲答："鲍叔牙是个君子，但他善恶分明，疾恶如仇，却不适合做相。"

"易牙怎么样？"

"为了迎得大王的欢心，狠心杀死自己的儿子，手段太过毒辣，不适合为相。"

▲ 山东淄博南牛山北麓管仲墓

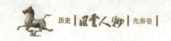
"开方呢？"

"开方无情无义，更不能为相。"

"竖刁可以吗？"

"竖刁是一个奸佞小人，万不能委以重任。"

齐桓公还想问些什么，管仲却慢慢阖上双眼，就此驾鹤西去。管仲死后，齐桓公重用易牙、开方、竖刁等小人，使朝政日趋腐败，昔日中原霸主，已不复当年神勇。

■历史评价 |

管仲是伟大的政治家，以一人之力助齐桓公登上了中原霸主宝座；他是伟大的思想家，主张依法治国，对后世法制的完善有着极其深远的影响；他是经济学家，担任国相期间，借助国家临海的优越地理位置，大力发展渔业和盐业，使国家仓廪实衣食足。此外，他还首先提出了"尊王攘夷"的口号，联合中原国家对抗蛮夷，这是外交策略的成功，有效抵御了少数民族的入侵。孔子曾言："如果没有管仲，我可能就要穿异族服装了。"

■大事坐标 |

公元前 685 年　臣服齐桓公，被任命为国相。

公元前 681 年　建议齐桓公约请宋、陈、郑等国在北杏会盟。

公元前 645 年　因病去世。

■关系图谱 |

齐桓公　君臣　管仲　知己　鲍叔牙

易牙　同僚

华夏兵圣

孙武

■名片春秋 |

孙武（生卒年不详），字长卿，又称孙子，齐国乐安人。春秋时期著名的军事家、军事理论家。后人尊称其为孙子、孙武子。有《孙子兵法》一书传世，是我国现存最早的一部兵书，从而一举成为中国军事理论的奠基人，后世人尊称其为"兵圣"。

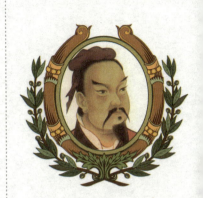

■风云往事 |

◇躲避争斗　投往吴国◇

孙武先祖妫满，是舜帝的后代，被周武王封于陈，死后被追谥为陈胡公。多年后，陈国发生动乱，陈胡公第10世孙妫完到齐国避祸。当时，齐国齐桓公当政，知道妫完是一个贤才，便赐其田姓，所以妫完也称田完。一百多年后，田氏家族地位愈加显赫，田完的第5世孙田书是位难得的贤才，深受齐王倚重，被赐予孙姓，田书也被称为孙书。

孙书得子孙凭，孙凭得子孙武。出生在这样的家庭，孙武有着良好的学习环境，很小的时候，便

▲ 陈胡公像

89

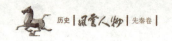
满腹经纶、学富五车，文韬武略，远近闻名。

几年后，齐国发生内乱，田、鲍、高、栾等四大家族之间暗战连连。孙武十分厌恶钩心斗角的生活，由此萌发了离开齐国，另谋生路的念头。

当时，长江流域的吴国开始走向富强，正值用人之际。孙武听说后，认为吴国是能实现自己理想抱负的地方，便收拾好衣物，趁夜离开齐国，一路南下，直奔吴国而去。

孙武在赶往吴国的路上，遇见了从韶关逃出的伍子胥，两位大贤由此相识。伍子胥本是楚国人，其父伍奢是楚国太傅，后楚国发生内乱，楚平王听信谗言，处死太子，并杀死太傅伍奢。伍子胥得知后，忍辱负重，逃出韶关，投奔吴国。孙武与伍子胥见面后，相谈甚欢，成为知己。不久，两人作别，伍子胥赶往吴国辅佐公子光，孙武则想观察一下当前局势，再谋出路，遂在吴国边境盖起了一间草庐，过上了隐士生活。

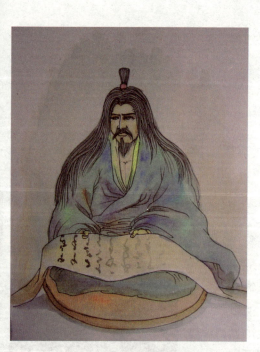

▲ 孙武画像

◇宫中练兵　身担重任◇

公元前515年，吴国公子光在伍子胥的帮助下，夺取王位，史称阖闾。阖闾素有雄心壮志，登位之后，广招天下贤才，伍子胥乘机向阖闾推荐说："大王若想称霸天下，孙武是不二人选。"阖闾虽然不太确定，一直拿不下主意，但经不起伍子胥屡次举荐，就决定与孙武见上一面。

第二年，阖闾亲自召见孙武。孙武见到阖闾，非常激动，将自己编写的《兵法》13篇呈给阖闾观看，阖闾看后，对孙武信任有加，欲封孙武为大将军，但行军打仗靠的不只是理论，更多的还要看实战能力，便向孙武说道："先生写的兵法惊世骇俗，本王非常佩服，却不知先生有没有将自己所著兵法用于实践，你能不能演练一番？"孙武答曰："谨遵大王之命。"阖闾笑说："宫内是祥和之地，不适于动刀动枪，本王就让先生操练一下宫内的妇女吧。"随后，阖闾将由两位妃子带队的100多位妇女交由孙武操练。

孙武领命后，将宫女们集中在宽敞之地，将她们分为两个队列，任命阖闾的两位妃子为两队队长，让她们全副武装起来，准备开始操练。训练开始之前，孙武向她们说道："训练的时候，你们必须服从我的命令，我让你们向左，就不能向右，如若不听，定以军法处置。"

▲ 山东广饶孙武祠内孙武像

起初宫女们并不把孙武当回事，阖闾的两个妃子也觉得这只不过是君王和她们开玩笑。训练过程中，宫女们一会儿伸伸懒腰，一会儿打个哈欠，一副慵懒的模样。孙武看着眼前的一幕，不由大怒，向她们说道："军令如山，我下达命令后你们却视为儿戏，实在罪不可赦，尤其是两位带头队长，该当死罪。"言罢，就要命士兵将两位妃子拉出队列行刑。

两位妃子早已吓得魂飞魄散，慌忙向阖闾求情，阖闾也大吃一惊，便向孙武说道："本王已经不再质疑将军的实战能力了，你就此住手吧，要是杀了她们，本王将食不知味。"

孙武答说："臣已经被大王封为将军，将在军中，王命有所不受，请大王恕罪。"言罢，就命士兵将两位妃子杀死。接着重新选了两名队长，再次开始军事训练。宫女们见孙武处死两位妃子，个个吓得竖起耳朵，遵从孙武的每一道命令。一时间，整个训练场地，再无嬉戏之声，而是整齐划一的军姿。这时，孙武向阖闾说："臣已经完成此次队伍操练，请大王检阅。"阖闾亲眼看到这一切，哪里

▲ 吴王阖闾

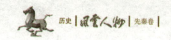

还会对孙武的能力有所怀疑，便封其为大将军。

◇助吴挫楚 功成身退◇

公元前512年，吴王决定率兵攻打楚国。这期间，孙武向阖闾提出"扰楚、疲楚、误楚"的三大战略方针。即派出小股部队攻打楚国，等楚国派军迎战时，马上回撤，楚国撤军时，再派军前往攻打，形成敌进我退、敌退我攻的循环，使楚国军队疲于奔波，并制造一种吴军没有大战准备的假象，以懈怠楚国的防备心理。

公元前506年，吴王阖闾认为攻楚时机成熟，决定亲自率军攻打楚国，并任命孙武和伍子胥为左右将军，负责指挥全军。吴军出征前，孙武向阖闾进言："这几年以来，虽然楚国军事日渐衰落，但仍不能小视，大王应该率大军从水路而上，以迅雷之势登岸，向楚国北部边境发动猛攻，进而攻打楚国郢都。"阖闾听了孙武的建议，即刻率大军自淮河乘船逆水而上，至淮汭（今河南潢川淮河弯曲处）舍舟登岸，向楚国北疆攻去。

楚国大将囊瓦早知吴军将会来攻，早已做好迎战准备，将大军布置在西部边境，静侍吴军来犯，一举击灭吴军，可是万万没料到吴军从北部攻入，慌忙率军前往抵挡。

囊瓦率楚国大军星夜兼程，终于在柏举迎上攻来的吴军，随之两军形成对峙局面。这时，楚国大将沈尹戌向囊瓦说道："吴军来势汹汹，如果我军与其正面硬战，很难获胜，末将愿率领部分军队悄悄绕至吴军背后，与大将军的主力部队形成对吴军的合围，然后再与大将军同时向吴军发动攻击，届时必能大获全胜。"沈尹戌建议无疑是正确的，可囊瓦非但不听，还主动率大军向吴军攻去。

吴军大将孙武见楚军来攻，十分欣喜，立即采

▲ 山东滨州孙子兵法城

故上兵伐谋，其次伐交，其次伐兵，其下攻城。
——孙武

取"且战且退"计策,先后与楚军五次交锋,均获得了胜利。

囊瓦见楚军屡战屡败,心中害怕不已,不敢再与吴军作战,率领残兵回撤。孙武得知后,命令全军乘胜追击,一举攻克楚都郢,给楚军以重创。后来,楚国君王向秦国求救,秦哀公率军攻吴,恰逢阖闾弟夫概反叛,阖闾这才率兵撤出郢都。此战之后,吴国取代楚国,成为中原新的霸主。

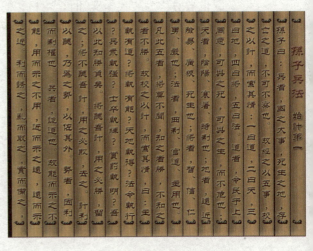

▲ 《孙子兵法》书稿

过了几年,吴王阖闾又率军攻打齐国和晋国,孙武依然为大将军,全权负责指挥军队作战,每次作战都取得了胜利。汉代司马迁曾在《史记》中盛赞孙武:"西破强楚,入郢,北威齐、晋,显名诸侯,孙子与有力焉!"

吴国经过一系列战争后,国力昌盛,吴王阖闾开始骄傲自满,日夜沉溺于酒色,生活越来越糜烂。孙武曾劝其收敛,阖闾却听不进劝解。对此,孙武感到非常失望,便于公元前503年以回齐国探亲为由,向阖闾告假,告别好友伍子胥,隐于山林,从此史书上再无所记。有的人说孙武回到齐国,与家人团聚,享受天伦之乐去了;也有人说孙武功成身退,到姑苏定居,自然终老。但这些都是传说,没有历史考证。

孙武虽挂冠而去,但他编写的《孙子兵法》并没有失传。此书中,第一次概括了"知己知彼、百战不殆"的军事规律,并将战斗中的矛盾双方敌我、众寡、虚实、攻守、进退关系做了全面分析,并从中总结出"以正合,以奇胜""出其不意,攻其不备"等战斗方法,为中国军事理论的发展奠定了坚实基础,对后事兵家影响其大。《孙子兵法》中的"三十六

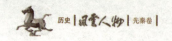

计"也为世人熟悉、流传。

■历史评价 I

　　数百年后，中国进入李唐时期，唐朝军事家李靖、苏定方等对孙武的《孙子兵法》推崇不已，唐太宗李世民也非常佩服孙武的军事才能，便将《孙子兵法》评为《武经七书》之首。自此，《孙子兵法》成为兵家圣典，军事家孙武也被尊称为"兵圣"。时至今日，《孙子兵法》仍以其深奥的军事理论思想，征服了全世界，被公认为兵家典范之作。

■大事坐标 I

公元前 514 年　　向吴王阖闾献上《兵法》13 篇，操练兵马，受阖闾信任，被封为大将军。

公元前 512 年　　向吴王阖闾献上"扰楚、疲楚、误楚"战斗计策。

公元前 506 年　　吴楚柏举之战爆发，吴王阖闾听从孙武建议，率兵乘船北上，偷袭楚国北疆，攻陷楚国郢。

公元前 503 年　　辞官归隐。

■关系图谱 I

书写一生传奇　创下悲剧命运

伍子胥

■名片春秋｜

伍子胥（？～前484），名员，字子胥，春秋时期楚国人。中国古代著名的政治家、军事家、谋略家、统帅。曾与孙武帮助吴王阖闾登上霸主之位，阖闾死后，他又辅佐吴王夫差打败越国，延续吴国辉煌，后来夫差听信谗言，命伍子胥自尽，其悲剧的一生，令人唏嘘不已。

■风云往事｜

◇父兄惨死　逃亡他乡◇

伍子胥出身于楚国贵族家庭，父亲伍奢是楚国大夫。楚平王在位时，加封伍奢为太傅，命其专心辅佐太子建。少傅费无极因此而嫉妒伍奢，一直想找机会将其杀害。

一次，楚平王命费无极到秦地为太子建娶亲，费无极见秦女美若天仙，便回去向楚平王说："秦女貌美，您还是自己纳为妃子吧。"楚平王好色，就娶了秦女，费无极也因此成为楚平王面前的红人。

此事过后，费无极怕太子建怪罪，便向楚平王

▲ 江苏苏州胥口镇胥王园内
伍子胥雕像

进谗言，建议废除建的太子之位。楚平王对费无极言听计从，废除了建的太子之位，建恐慌不已，怕费无极再来陷害，便带着儿子胜到宋国避难。

太子建的逃跑，惹怒了楚平王。楚平王将这一切怪罪于太傅伍奢，就将伍奢抓了起来。当时，伍奢的两个儿子伍子胥和伍尚已经长大成人，且很有才能。楚平王怕日后两人会为父亲报仇，就骗他们说可以释放伍奢，但必须是他们亲自到牢狱中来接。

伍子胥洞悉楚平王的阴谋，没有前去，伍尚却决定前往救父。伍子胥便对他说："兄弟不要去，这是个阴谋。"伍尚答："我知道这是个阴谋，但我必须去见父亲一面，即便是死，也算是值了。但你不能去，你比我有才能，应该忍辱负重，逃往他国，等待时机，将来替我和父亲报仇雪恨。"言罢，慨然而去。

伍尚赶到郢都后，果然中计，后与父亲死在一起。伍子胥听闻，望着郢都的方向，跪地重重叩首，暗暗发誓，一定要替他们报仇雪恨，他向父亲和兄弟的亡魂告别后，随后逃出楚国。

不久，伍子胥来到宋国，与太子建碰面，因宋国战乱不断，两人便到郑国避难。郑国国君怕得罪楚国，因此拒绝收留他们，将他们赶出国界。太子建大怒，欲前往晋国搬请救兵，灭掉郑国，伍子胥连忙劝阻，奈何太子建不听，后郑国国君得知此事，派人杀死了太子建，伍子胥再次踏上逃亡之路。

楚平王闻伍子胥逃走，心里极为后怕，他知道伍子胥很有才能，若是以后得势，肯定是楚国的祸患。于是，他马上命画师画出伍子胥的头像，张贴在各大城门及关口之中，命士兵对来往人员严加盘查，如果发现伍子胥，就地格杀。这也注定了伍子胥的逃亡之路并不顺利。

▲ 伍子胥吹箫

◇一夜白发 逃出昭关◇

一日，伍子胥逃至昭关，发现前面关口有官兵排查，不知如何是好。正在这时，一个叫东皋公的人（传说是神医扁鹊的徒弟）发现了他，因可怜他的悲惨遭遇，就约他到家中做客。

伍子胥在东皋公家中住了三天，便待不住了，他很想赶紧出关，好能早日为父兄报仇，于是便向东皋公说："多谢先生招待，我身负血海深仇，不能在这里闲情娱乐，今日只能向先生拜别，他日我若能逃出生天，一定会感谢您的大恩大德。"东皋公微微一笑，说道："子胥莫急，我已想好出关的计策，也不必急于这一两天。"

伍子胥将信将疑，整个白天都在思索出关之事，晚上的时候，也是辗转反侧难以入眠，他很想马上出关而去，可又怕被官兵追查，反倒连累东皋公，可是如果现在不走，何时才能逃出昭关呢？躺在木床上的伍子胥，如芒刺扎背，整夜都在恍惚中度过。

第二天早晨，东皋公喊伍子胥吃饭，当见到伍子胥的时候，吃惊地问道："子胥，这才过去一夜，你的头发怎么全白了？"伍子胥对铜镜而照，发现一头黑发已斑白，不由暗自感叹。这时，东皋公忽然笑了起来，并向伍子胥说："子胥不必烦恼，我有一好友叫皇甫讷来，他与你长得十分相像，我已经写信叫他过来，让他假扮你，好使你蒙混过关，可没想到你的头发竟然一夜全白，真是上天垂怜，你不用乔装打扮就能走出昭关了。"

几天后，皇甫讷来到来，东皋公将皇甫讷来扮成伍子胥的模样，伍子胥则扮成东皋公下人的模样，二人一起出关了。守关的士兵看到皇甫讷来，以为是伍子胥，就将其抓了起来，伍子胥则乘机出关而去。士兵抓住皇甫讷来后，仔细辨认才发现认错了

▲ 戏曲中的东皋公形象

▲ 江苏苏州胥口镇伍相祠

子胥、伯嚭鞭平王之尸以报
父仇。
——《史记·吴太伯世家》

人，就将其放走。

◇**辅佐吴王　功勋卓著**◇

出昭关后，伍子胥决定到吴国谋求发展，于是继续向东行进。途中，偶遇从齐国南下的孙武，两人一见如故，畅谈数日后，伍子胥约孙武一起到吴国发展，孙武却说："如今吴国局势尚未明朗，我还是等一阵再说吧。"伍子胥也没再强求，与孙武道别，走向吴国，后投在公子光门下。

公子光是吴王寿梦的孙子、吴王诸樊的儿子。诸樊死后，公子光本以为王位是自己的，不料被兄弟僚捷足先登。公子光非常气愤，伍子胥知道后，便向公子光说："公子不必烦恼，我认识一人，他叫专诸，是一个身手敏捷的刺客，您可以派他杀死僚，夺取王位。"公子光听从他的建议，请专诸刺杀了吴王僚，自己继承王位，史称阖闾。

阖闾登位之后，对伍子胥信任有加，封其为相国，负责国内事务的大小事宜。伍子胥身居高位，但并不居功自傲，他心里时刻都想着为父兄报仇，今见阖闾有雄才大志，便决定好好努力一把，好早日报仇雪恨。为此，他向阖闾推荐了用兵如神的孙武，两人齐心合力辅佐阖闾，吴国由此走向强盛。

公元前512年，伍子胥认为攻打楚国的时机已经成熟，就向阖闾建议发兵攻楚。阖闾早就有此意，对紧靠己国边界的楚国早有吞并之心，便与伍子胥一拍即合，商议攻楚大事。之后，伍子胥与孙武一起向阖闾提出"扰楚、疲楚、误楚"的战略建议，即派出小股部队攻打楚国，楚国派大军迎战时，再迅速撤回，楚国大军回撤时，则派军继续攻打楚国，如此反复，使楚国军队疲于奔命，消耗楚军的战斗意志。

公元前506年，吴王阖闾听从孙武、伍子胥等人的建议，从淮河乘船西上，在楚国北方边境登岸，以迅雷不及掩耳之势攻入楚国腹地，并与楚军主力激战于柏举，楚军大败，狼狈逃走。吴军乘胜追击，一举攻陷楚国郢都。为报父兄之仇，伍子胥率领大军进入郢都，烧毁楚王宗庙，并将楚平王的尸体从棺材里拉出，用鞭子狠狠地抽打。这就是"子胥鞭尸"故事的由来。

柏举之战后，楚国由盛转衰，吴国称霸天下，中原各路诸侯纷纷向吴王阖闾示好，阖闾因此而产生自满情绪，竟欲率兵攻打越国，伍子胥急忙出面劝阻说："我军刚刚经历大战，已是疲惫不堪，现今天下局势混乱，西方秦国一直虎视中原，晋国也有称霸的野心，您应该休养军队，等草长马肥的时候再做打算，若是您以疲弱之师攻打越国，怕是很难取得胜利。"阖闾认为有理，便暂时停止向越国用兵。

◇ 愚忠进谏　悲愤而死 ◇

人一旦富贵，难免有骄傲自大的想法。吴王阖闾也如此。他虽然听从伍子胥的建议，暂时停止了进攻，但骄傲之心未消。他开始恣意享乐，不复当年之霸气。大将军孙武看到阖闾开始转变，便以回家省亲为由，离开吴国，挂冠而去。

公元前496年，阖闾不听伍子胥劝阻，出兵攻打越国，不料被越军打败，阖闾也身受重伤，不久死去。

阖闾死后，其子夫差继位。夫

年糕的由来

相传吴国城垣建成后，吴王认为有了坚固的城池便可以高枕无忧了，伍子胥深感忧虑嘱咐道："高墙如同作茧自缚，有一天我不在了，吴国受困粮草不济时，你可到相门墙下掘地三尺取粮。"后吴王驾崩，夫差继位，伍子胥被赐死。越王伐吴，吴军困在城中，吴王的随从想到当年伍子胥的话，到相门城下取粮，当挖到城墙下三尺深时，才发现城砖是用糯米粉做的。吴国因此才度过了暂时的饥荒。人们敬仰伍子胥爱国忧民的精神，此后，每到寒冬腊月，就准备年糕。

▲ 年糕

99

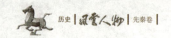

差在位初期，重用伍子胥，奋发图强，使吴国再次强盛起来。公元前494年，夫差率兵攻打越国，双方激战于夫椒，越军不敌，被围困于会稽。越王勾践为求活命，甘愿做夫差的仆人，夫差表示同意，决定放勾践回国。伍子胥深知勾践不凡，力劝夫差杀死勾践，以绝后患，可惜夫差非但不听，还对伍子胥抱有成见。伍子胥仰天长叹："越国十年生聚，十年备战，二十年后，吴国定被其灭。"

公元前484年，吴王夫差听说齐国内乱，便想乘机发兵攻齐。伍子胥劝阻说："大王不应该攻打遥远的齐国，而应率兵攻灭越国。臣闻听越王勾践归国后，不忘失败耻辱，每日卧薪尝胆，并与百姓同甘共苦，国家实力越来越强，若现在不去攻打越国，若羽翼丰满，必成后患。"夫差不听，率兵北上攻齐，意外取得了胜利。伍子胥听后，非但没有祝贺夫差，还向夫差说："大王不要高兴太早，厄运很快就要来到。"夫差甚为不悦。

几天后，吴国太宰嚭向夫差进谗言，说伍子胥表面老实，内心却十分恶毒，并诬陷伍子胥心存谋逆，意图造反。夫差大怒，将属镂剑赐给伍子胥，让其自尽。伍子胥临死前，对左右之人说："等我死后，将我的眼睛挖出，高悬在城墙之上，我要眼看着越军攻入城池。"夫差听到后，竟命人将伍子胥的尸体抛到江中喂鱼，一代将相良才，一生忠君爱国，可惜到最后却落得个被鱼分食的下场。

公元前473年，越王勾践率兵攻吴，吴军不敌，吴王被困姑苏，他这才想起忠臣伍子胥当初的话，后悔不已，提起自己的属镂剑，好似看到伍子胥的孤魂，叹息说："我再没有面目去见子胥了。"言罢自刎而死。

■历史评价 I

伍子胥的一生，见证了吴国的兴衰，他与

▲ 江苏苏州胥口镇伍相祠内伍子胥墓

孙武一道辅佐阖闾，使其成为中原霸主，使吴国出现短暂的兴盛。后辅佐夫差，政绩也可圈可点，奈何君王听信谗言，使忠臣千古蒙冤。他对后世人的影响很大，在吴国与南方诸侯国交战的时候，他曾亲自组建一支江中舰队，开创了中国水战的先例，因此被称为水军鼻祖。另外，他还写下了著名兵法《伍子胥》10 篇，被收录到《汉书》之中，可惜已经失传。但是他的故事却穿越千年，至今还响彻在世人的耳畔。

■大事坐标 ｜

公元前 522 年	逃出昭关，进入吴国，投在公子光门下。
公元前 515 年	请刺客专诸杀死吴王僚，帮助公子光夺取王位。
公元前 506 年	率兵攻入郢都，掘开楚平王坟墓，鞭尸三百，以雪仇恨。
公元前 496 年	吴王阖闾不听从伍子胥劝告，出兵攻越，以失败而告终。
公元前 494 年	帮助吴王夫差取得夫椒之战的胜利，可惜夫差没有听从他的建议，放走了勾践，留下无穷后患。
公元前 484 年	劝夫差不要率兵攻齐未果，自此君臣离心。
	吴王夫差听信谗言，命人将属镂剑送到伍子胥处，伍子胥自刎而死。

■关系图谱 ｜

101

杀妻求将

吴起

■名片春秋

吴起（约公元前 440 ～前 381），卫国左氏（今山东定陶）人，战国时期政治家、改革家、军事家，兵家代表人物。著有《吴子》一书，后人感其过人的军事才能，将其与孙武并称为"孙吴"，将《吴子》与《孙子兵法》合称为《孙吴兵法》。其著作为后世军事理论的发展奠定了基础。

■风云往事

◇帮鲁助魏　威名远扬◇

吴起自幼酷爱读书，他们从小的愿望就是成为一名有用之才的良臣，伴随在君王身边，实现自己的人生价值。公元前 412 年，齐国向鲁国发难，鲁王深知吴起之能，想拜其为将，率部迎战齐军。但是吴起的妻子是齐国人，这让鲁王有些犹豫。吴起听闻后，为表明心志，竟将自己的妻子杀死。自此，鲁王对他再没有任何猜忌，将他封为大将军。

吴起上任后，严于律己，但对手下却非常关心，他经常与士兵同吃同住，并亲自为受伤的士兵吸吮

一夜夫妻百夜恩，
无辜忍使作冤魂？
母丧不顾人伦绝，
妻子区区何足论！
——《东周列国志》

脓血，很受士兵爱戴。

不久，吴起率兵赶赴前线，他并未先向齐宣战，主动发起求和谈判，并且故意将老弱病残士兵安插在军营显眼之处。

齐军使者到来后，看到鲁军部队之中很多老弱病残，士气低落，心中大喜，回营之后立即向齐军主帅禀报了自己所见。齐帅不知是计，立即率军前来攻打，此时却正中吴起下怀，当齐军攻打到鲁军阵营时，数万名精兵强将突然出现，奋不顾身地攻向齐军，齐军大惊，仓皇而逃，鲁军取得重大胜利。

鲁王知道后，非常高兴，对吴起大加封赏，此后吴起就成为鲁国一人之下万人之上的风云人物。但吴起风光不久，就遭到了别人的嫉妒。有一天，有人向鲁王进言道："吴起残暴不仁，且贪图富贵，自幼就想为官，他到处游说，千金散尽，却没有收获。有些乡亲取笑他，他残暴地将那些人杀死，然后逃出卫国。在与家人分别时，曾信誓旦旦地说'不为卿相，不复归卫。'现在，他已经功成名就，卫国的家里人病死了，他都不回去看看，实在是不孝。另外，他为了谋得将军之位，还不惜将自己的妻子杀死，大王怎么能对这种人委以重用呢？"鲁王听了甚有同感，于是撤销了吴起的所有职务。

对于鲁王的这种做法，吴起甚为不满，却也无可奈何，后来只得离开鲁国，四处游历。后来他得知魏文侯有大志，觉得魏文侯或许会给自己一个施展才能的舞台。魏文侯是一代雄主，曾苦苦搜寻将相之才，现今得知名将吴起来投，非常高兴，立即将他封为大将军，让他率兵攻秦。吴起非常善于用兵，在很短的时间里，就将五座城池轻松拿下，以至于秦人谈其吴起的名字都为之胆寒。魏文侯见吴起的确用兵如神，便任命他为西河守将，以保卫魏国西部边陲之安宁。

公元前409年，吴起率兵向秦国发动攻击，他

吴起说武侯以形势不如德，然行之于楚，以刻暴少恩亡其躯。

——《史记》

先后攻破临晋、元里、郑（今陕西渭南华县）、洛阴、合阳等地，将秦国河西土地全部归为魏国所有。对其战功，历史上有"与诸侯战七十六，全胜六十四，夺取诸侯千里土地"的记载。

公元前389年，阴晋之战爆发，吴起率领5万军队，一举击败秦国50万大军，此战是中国历史上著名的以少胜多的战役，魏国也因为此战成为战国七雄之一。

不久，魏文侯病死，其子姬击继位，即魏武侯。一日，魏武侯与吴起游览国内名山大川时，途中歇息，魏武侯对吴起说道："国家山川之险峻，是我国防御外敌的天然屏障。"这时，吴起反驳道："国家的安定在于君王的仁德，而不是这些外在屏障。如果君王仁德不够，即使山川再险峻，也挡不住敌人手中的利剑。"魏武侯听了，甚以为是，此后更为器重吴起。

魏王想选拔一位相才，于是遍览天下贤才，因吴起曾立下赫赫战功，因此好多人都很看好他，但魏王却最终封田文为相。吴起得知后极为不满，他向田文问道："我们两人谁的功劳大？"田文想了想向他反问道："统帅三军、防御外敌，我不如你；管理地方、体恤民情，我不如你，但是我的职位却高于你，你可知道原因？"吴起摇头。田文继续说道："武侯刚刚主政，国家尚未安定，朝中也无亲信，你如此善战，此时若任你为相，你认为合适吗？"吴起大悟，也明白了这就是帝王之术。

几年后，田文病死，公叔痤继任相位，他是驸马爷，一直担心吴起与其争权，便总想陷害他。

田文（？～公元前279），战国时齐国贵族，战国四君子之一。因封袭其父爵于薛（今山东滕州东南），又称薛公，号孟尝君。门下有食客数千。秦昭王时曾入为秦相，不久逃归，后为齐湣王相国。

▲ 陕西吴起镇吴起广场上的吴起塑像

他的随从给他出了个主意，于是有一天公叔痤对魏王说："吴起颇有贤能，但是我国是小国，还与强秦接壤，据我所知，怕是吴起不一定能长期留在魏国呀。"魏王很是着急："那该如何将其挽留？"公叔痤讲："吴起功高，君侯何不将一位公主赐婚于他呢？如果他想长期留在魏国，定会感恩戴德，如不接受，则恐有异心。"

此后，公叔痤主动邀请吴起到自己家做客，还故意在其面前让自己的公主夫人谩骂自己，吴起看到后，担心另一位公主也是这种脾气，便不想接受。魏王见吴起不愿接受赐婚，心中不悦，慢慢地开始疏远吴起。后来，吴起见魏武侯怀疑自己有异心，害怕被降罪，便离开魏国转而投向了楚国。

▲ 楚悼王（？ ~公元前381），
战国时期楚国国君

◇匡扶楚室 惨遭杀害◇

楚悼王是一位有着宏大抱负的国君，得知吴起前来投靠，立即任命其为国相，变法图强。公元前386年，吴起上任后，开始推行新法，对国内的经济、军事、政治等方面进行了大刀阔斧的改革，使国家变得更为富强，还兼并了一些小国，扩大了楚国的版图，使楚国成为诸侯国中的强国。

但是，在实施变法的过程中，吴起损害了一些奴隶主贵族的利益，而且在楚国，吴起除了楚悼王，没有其他可以依靠的人。公元前381年楚悼王一死，楚国贵族们立即发兵捉拿吴起，吴起没有防备，四处逃窜，最后他伏在楚悼王的尸体上，以为贵族们不敢射杀君王，自己应该可以活命。但是那些人杀红了眼，放箭射杀了吴起。同时楚悼王的尸身也成了箭靶子，当然后来这些贵族们也被新任楚王灭了门。

吴起拥有卓绝的军事才能，他一生为鲁攻齐，战无不胜；为魏攻秦，攻无不克；为强楚，更是做出了巨大的贡献。在楚国的日子里，他将自己行军

> 吴起在中国历史上是永不会磨灭的人物，秦以前作为兵学家是与孙武并称，作为政治家是与商鞅并称的。
> ——郭沫若《述吴起》

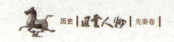

打仗的经验编写成书，为后世留下了宝贵的财富。后来，东汉史学家班固将吴起的48篇军事著作编入到《汉书》之中，可惜后来全部遗失，现存《吴子》6篇中的《治兵》《料敌》《变化》《论将》《励士》《图国》均为后人根据其一生战绩编著而成，但也能反映出其"内修文德，外治武备"的主要谋略思想，并能看出吴起继承了孙武"知己知彼，百战不殆"的军事谋略思想，因此，后人将吴起与孙武合称为"孙吴"。

■历史评价■

吴起是继兵圣孙武之后，战国初期著名的军事家、政治家、改革家。他卓越的军事才能，给后世留下了深远的影响，但对于其为求功名不择手段，甚至杀妻求将的做法，后人评价也颇多争议。

■大事坐标■

约公元前440年　出生。

公元前412年　杀妻获得鲁国君王信任，被任命为大将军。

公元前409年　率领魏军夺取秦国临晋、元里等城，尽占秦国河西之地。

公元前389年　之阴晋之战爆发，以5万军队重创多于己方10倍的秦军，创造了中国古代历史上以少胜多的著名战役。

公元前381年　被楚国贵族们乱箭射死。

■关系图谱■

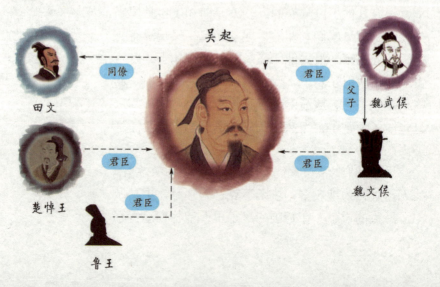

断足将军的传奇人生

孙膑

■名片春秋 ｜

孙膑（生卒年不详），原名孙伯灵，齐国阿（今山东阳谷东北）、鄄（今山东鄄城北一带），战国时期著名的军事家。早年与庞涓拜在鬼谷子门下，刻苦学习军事理论。学成出山后，因才能卓著被时任魏国将军的师兄庞涓陷害，双腿致残。为了报仇雪恨，投奔齐国，被任命为军师，随军与魏国军队交战，先后激战于桂陵、马陵，最终斩杀庞涓，名扬天下。

■风云往事 ｜

◇军事天才　遭人陷害◇

相传孙膑早年曾师从鬼谷子，与他一起学习的还有庞涓。庞涓比孙膑年长，常以师兄自居。

在学习的过程中，两人成了无话不谈的好朋友，但一段时间之后，庞涓就有了别的心思。在他看来，孙膑虽然年龄比他小，但比他聪明很多，这是他不能容忍的。从那一刻起，他对孙膑有了嫉妒之心，但表面上还对孙膑非常友好。

不久，庞涓学成下山，到魏国闯荡，遇见了魏

鬼谷子，原名王诩，又名王禅，春秋战国时期著名的思想家、谋略家、兵家、教育家。他是纵横家的鼻祖，是中国历史上一位极具神秘色彩的人物，被誉为千古奇人。因隐居清溪之鬼谷，故自称鬼谷先生。其弟子有兵家孙膑、庞涓；纵横家苏秦、张仪。

107

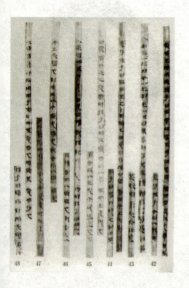

▲《孙膑兵法》竹简

惠王，魏惠王与庞涓接触了一段时间，发现其在军事方面颇有造诣，就封其为大将军。依照常理，庞涓胜任大将军，地位在一人之下万人之上，应该知足了。可是他心里却一刻也不得安宁，老担心孙膑将来会超越他，他特别害怕孙膑下山之后，会抢夺自己的位置。渐渐地，一个恶毒的计划在他心中产生了。

于是，庞涓给孙膑写了一封信。信上说："师弟见字如面，我下山以来，受到魏惠王的重用，成为魏国大将军，想到了师弟的盖世才能，就向大王举荐了师弟，魏惠王求贤若渴，想请师弟前来担任大将军，师弟还是快些下山，与我一道辅佐大王吧。"孙膑看后大喜，认为自己施展伟大抱负的时候来了，遂告别师傅，前往魏国。

孙膑赶到魏国后，受到了庞涓的盛情招待，可几天过去了，他都没听到魏惠王召见的消息，庞涓劝他耐心等待，他也只好暂时住在庞涓府上。

一日中午，孙膑正在房中读书，庞涓带着一群士兵突然闯入，以私通外敌的罪名将其拘捕，随后残忍地挖去他双膝的膝盖骨。

孙膑不敢相信这一切是真的，师兄庞涓竟然如此对他，这对他来说，比失去双腿还要痛苦。孙膑忍痛质问庞涓，庞涓说："怨就怨你本事太大，不利于我的仕途。"说完就命人将孙膑抓入牢狱。

孙膑彻底明白了，原来庞涓让他下山，只是一个骗局。他心生愤恨，决定要报此血海深仇。于是，他便开始在牢狱中不断地装疯卖傻，试图让庞涓相信他真的疯了，从而懈怠对自己的监视。起初，庞涓不信，命人喂他吃大粪，他毫不犹豫地就吞了下去，庞涓这才相信他真的疯了，便不再派人监视。

▲ 田忌赛马

◇离开魏国　齐王封将◇

　　不久，齐国使者淳于髡访问魏国，孙膑认为这是个好机会，想办法见了淳于髡一面，向其诉说自己当前的苦难。淳于髡曾听说过孙膑的大名，见魏国这样对待贤才，心寒之余还有一丝窃喜，便在离开魏国之际，悄悄将孙膑藏于马车之中，带至齐国。至此，孙膑离开魏国，开始了人生的传奇之路。

　　淳于髡带孙膑回到齐国后，将他推荐到国相田忌门下，田忌知道孙膑军事才能出众，便以上宾礼仪待他。当时，齐国贵族之间流行赛马的游戏，齐国君王齐威王也喜欢赛马。一日，齐威王与田忌到马场赛马，孙膑坐木车随行，田忌每次赛马都以输告终，田忌问孙膑为什么自己老是失败，孙膑便对田忌说："您总是输掉比赛，是因为赛马的方法不对，下次再赛马的时候，我一定会帮助您赢上几次。"田忌十分高兴，为了表示对孙膑的信任，还决定下次赛马的时候加大赌注。

　　几天过后，齐威王与田忌再次赛马，田忌一改往日小气，一出手就是三千金。比赛将要开始的时候，孙膑对田忌说："等下您用下等马与齐王的上等马比赛，用上等马与齐王的中等马比赛，用中等马与齐王的下等马比赛，如果您按我说的做，肯定会赢。"田忌采取他的建议，与齐王比了三场，结果以两胜一负赢取了比赛。齐威王十分奇怪，开玩笑地向田忌问道："爱卿每一次赛马都不能赢，今天怎么突然变得聪明起来？"田忌乘机将孙膑推荐给齐威王，齐威王与孙膑交谈后，发现孙膑竟是个绝世良才，心中高兴不已，立即封其为大将军。

◇围魏救赵 首战胜利◇

公元前354年，魏国大将庞涓率军围攻赵国都城邯郸，赵国不敌，派人到齐国求救。齐威王决定派军前往，本来想任命孙膑为大军主帅，但考虑到孙膑行动不便，就任命田忌为主帅，孙膑为军师，统帅8万大军援助赵国。田忌得令后，想要率军直奔赵国邯郸而去，孙膑建议道："魏军士气正盛，我们直接到邯郸与其作战，不一定就能解除邯郸之围，还有可能损兵折将，我们应该另辟蹊径，趁魏军主力围攻邯郸之机，直接率兵攻打魏都大梁，我想魏军主力知道大梁危机时，肯定会回救大梁，邯郸之围就可以不救自解。"田忌高呼妙计，遂率大军向魏都大梁攻去。

庞涓率大军眼看就要攻破邯郸，突然听说齐军攻打大梁，大惊失色，慌忙率主力大军回援大梁，只留下少部分兵力进攻。赵王见魏军主力撤走，立即打开城门，向魏军发动攻击，魏军不敌，逃回魏国，邯郸之围遂解。

孙膑得知庞涓魏军主力回援，便向田忌说："我们可以不用进攻大梁了，现在应该在庞涓主力通往大梁的必经之路桂陵设下埋伏，静静地等待庞涓进入我们的伏击圈。"田忌听从他的建议，在桂陵设下埋伏。

庞涓只顾得率部前往大梁救援，哪里想到孙膑会派人半路设伏，当其率大军行到桂陵时，突然遭

▲ 庞涓（？～公元前342），
战国时期魏国大将

到齐军袭击，损失惨重，最后仅率少数兵力逃入大
梁。孙膑与庞涓的第一次交锋，取得了重大胜利。

◇马陵之战　手刃仇敌◇

公元前 341 年，庞涓率领魏国大军攻打韩国。
韩国实力较弱，向齐国求援，齐威王采取孙膑的"围
魏救韩"的建议，派大军攻打魏都大梁，庞涓无奈，
率兵回援，韩国之围遂解。魏军两次栽在齐军手
中，使魏王感到非常震怒，他决定派军灭掉齐国，
便以太子申为监军，庞涓为主将，率领 10 万精兵
攻打齐军。

这次齐国派出的将领与桂陵之战中的将领一样，
田忌为主帅，孙膑为军师。孙膑闻魏军追来，就对
田忌说："魏军素来骄傲自大，如今气势汹汹向我军
袭来，我们便可利用其军的弱点，假装不敌，诱其
深入，寻找机会，将其军一举歼灭。"田忌想了一下，
向孙膑问道："如果我们撤退，魏军却不追赶，那我
们该怎么办？"孙膑听后，便向田忌提出了"减灶
诱敌"的计策，即当魏军追来的时候，齐军就开始
撤退，撤退时挖下 10 万个炉灶，第二次撤退时，挖
下 5 万个炉灶，第三次撤退时，挖下 3 万个炉灶，
从而给魏军留下齐军溃败、士兵逃散的假象，使魏
军毫无顾忌地追上来。田忌大喜，立即听从孙膑之
计策。

庞涓率大军追赶齐军，发现齐军在败退的时候
炉灶一次比一次少，就自以为是地认为齐军士气低
落，所剩无几，就对左右将士说："本将就知道齐军
胆小，这才半天的时间，齐国士兵就逃走了一半以
上，我们应赶紧追击，争取将其一举歼灭。"言罢，
让步兵缓行，自率千余骑兵向齐军追去，他却不知
道死亡正一步步向他逼近。

齐军退至马陵时，已是黄昏时分，孙膑便向田
忌说："我算了一下魏军的追赶速度，差不多该追到

▲ 山东莘县马陵之战碑

必攻不守，兵之急者也。
　　　——《孙膑兵法·威王问》

111

▲ 山东莘县西南马陵古战场

春秋战国门孙膑

唐·周昙
曾嫌胜己害贤人，
钻火明知速自焚。
断足尔能行不足，
逢君谁肯不酬君。

这里了，将军可命军队在道两旁设下埋伏，等魏军进入我们的包围圈时，他们的死期就要到了。"

马陵道路狭窄，两旁全是密林，齐军在此埋伏，占据了绝对的地形优势。孙膑充分利用此地地形，命人砍倒一棵大树，将其横在路中央，并在其上写下"庞涓死于此地"6个大字，之后命弓箭手藏匿在密林中，待火光亮起时，同时将箭射向路中央。

深夜来临时，庞涓率骑兵追至马陵，隐约间看到前方有树木挡住大路，于是派人前去探路。士兵走到近前，燃起火把，欲仔细查看，可还没看清楚，就听见阵阵"嗖嗖"的声音，千万支箭从左右方向射来。庞涓大叫不好，慌忙率军后退，可惜已无退路。就在这慌乱之中，庞涓看到齐军阵营中缓缓推出一辆木车，坐在上面的人高声喊道："师兄，可还认得小弟？"庞涓定睛一看，不由大惊，竟然是师弟孙膑。直到此时，庞涓才知道自己中了敌人的计谋，便破口大骂："一时大意，竟使竖子成名！"言罢自刎而死。

庞涓死后，田忌率军向魏军反击，魏军不敌，近10万大军被齐军俘虏，魏军监军太子申也被擒住。至此，齐国取得了战争的重大胜利。

◇名震天下　兵法传世◇

马陵之战的胜利，让齐国声名大震，孙膑的名声也传遍天下，主帅田忌也沾其光，备受齐威王倚重。

人红是非多，田忌成为齐威王面前的红人后，遭到了大臣邹忌的妒忌。邹忌向齐威王进谗言说："田忌手握重兵，如果谋反，后果不堪设想，大王一定要慎重。"齐威王心有所动，便召田忌回临淄，好收回田忌的兵权，孙膑听说后，劝田忌不要回到临溜，并且要田忌以"清君侧"的名义，率兵攻打临淄，杀死邹忌。听了孙膑的计谋，便率军攻打临淄，可是攻城多日都未取得胜利，各地勤王之兵反倒越来越多，最后只得逃至楚国避难。

而孙膑早在田忌攻打临淄的时候消失不见，传说他到了一个清静之地，收了几个学生，专门研究兵法，撰写了 89 篇《孙膑兵法》，不久离开人世。1972 年，考古学家在山东临沂银雀山西汉墓中发现了约 11 000 多字的《孙膑兵法》，证明了传说的真实性。

■历史评价 ｜

孙膑命运多舛，被师兄庞涓欺骗，并被挖去双膝膝盖骨，但他并没有因此而消沉，而是忍辱负重，另寻出路，逃到齐国，辅佐齐王，多次率兵打败魏军，并逼迫仇敌自杀。在这其中，显示出了他卓越的军事指挥才能。他的"围魏救赵"的战法，被后代无数兵家借鉴模仿，为丰富中国军事理论做出了卓越贡献，孙膑是继孙武之后的又一位了不起的军事家。

■大事坐标 ｜

公元前 354 年　围魏救赵，指挥桂陵之战取得胜利。
公元前 341 年　围魏救韩，指挥马陵之战取得胜利。

■关系图谱 ｜

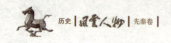

后世为将者楷模

乐 毅

■名片春秋 ┃

乐毅（生卒年不详），字永霸，中山国人，战国时期著名的军事家。曾辅佐燕昭王，率领燕、赵、韩、魏、楚等五国联军重创齐国，为振兴燕国做出重大贡献。燕昭王死后，燕惠王继位，夺取乐毅军权，乐毅投奔赵国，不念旧怨，为促进燕赵两国关系奔走，直到终老。

■风云往事 ┃

◇攻打齐国　声名远扬◇

乐毅的先祖乐羊是魏国开国大将，被魏国封于中山灵寿，不久乐羊病死，葬于灵寿，子孙后代便在此处定居。公元前296年，赵武灵王率兵吞灭中山国，乐毅也就成了赵国人。

乐毅少时就立下远大志向，期望能成为孙武、吴起般的人物，便发奋诵读兵书，以至小小年纪便富有极大盛名。公元前295年，赵国沙丘之乱爆发，赵武灵王死于沙丘，国家时局动荡不安。乐毅为避祸，离开赵国，后听说燕国君王燕昭王求贤若渴，在易水河畔筑建了一座黄金台，对外称"招贤台"，广招天下贤才。乐毅知道以后便前去投奔燕昭王。

燕昭王早知乐毅很有才能，见乐毅前来投奔，忙盛宴款待，并对乐毅说："本王得卿相助，就向鸟儿飞上了天空，鱼儿游入大海，从此天高海阔任驰骋。"乐毅听后非常感动，便向燕昭王称臣，开始了他的传奇人生。

当时齐国兵力强盛，齐曾击败秦国，重创韩、赵、魏、宋等国，并率大军夺取了燕国大部分土地，天下诸侯无不向其臣服。齐湣王因此而自高自大，所以齐国看似强盛无比，其实已经开始衰败。

燕昭王是一代雄主，一直不甘被齐国奴役，时刻想要从齐国手中夺回失地，刚拜乐毅为将，就请其率兵攻齐。乐毅听后，向燕昭王说："如今齐国力量强盛，如果我们独自率兵攻打齐国，将难有取胜的把握。若是大王坚持要攻打，我们应联合其他诸侯国，共同讨伐齐国，这么一来，我们获胜的机会就很大。"乐毅的这个建议，就是后来闻名天下的"举天下而攻齐"的军事战略。

燕昭王听从乐毅的建议，派遣使者到赵、魏、秦、楚等四国游说，约请他们一起出兵攻打齐国。齐国自恃力量强盛，无视天下诸侯，早就引起了众多诸侯国的不满，听闻燕国使者来意之后，纷纷答应了出兵之事。

公元前 284 年，燕昭王封乐毅为大将军，率军攻齐，赵、韩、魏、楚等四国闻之，立即派军前来与乐毅会合，并公尊乐毅为主帅，一起进攻齐国。

齐湣王正在后宫与众妃淫乐，突闻乐毅率五国联军来攻，忙率兵前往迎敌。几天后，双方在济水遭遇，展开激战，乐毅身先士卒冲向齐军阵营，随行将士受其鼓舞，奋力向齐军杀去。齐军不是燕军的对手，齐湣王见势不妙，率残部逃回临淄。乐毅见齐军败走，便请其他四国军队归国，独自率大军

▲ 河北易县东南招贤台遗址

予观古人尚哲简懿，因事蝉脱，如季札、蘧瑗、晏婴、乐毅之流，皆值祸难飘然，有以自立。
——明·黄道周《节寰袁公传》

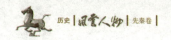

追赶齐军。这时，燕将剧辛向乐毅说道"我军兵力过少，不易深入齐国腹地。"乐毅微笑着对剧辛说："将军此言差矣，如今齐军精锐全丧，其国内也乱作一团，我们应该抓住这次机会，一举将其打垮，收复失地。"剧辛觉得有道理，表示愿意誓死追随乐毅作战。

乐毅大军一路势如破竹，兵锋直逼临淄，齐湣王大惊，未作任何停歇，向莒城方向逃去。就这样，乐毅轻而易举地攻入齐都临淄城，并把城内的各类财宝悉数带回，凯旋回国。

燕昭王听说乐毅大胜齐军，十分高兴，亲率群臣到济水河畔犒赏三军。为了奖赏乐毅，还特意将昌国（今山东淄川东南）赐给乐毅，乐毅也因此更加忠于燕昭王。

不久，乐毅继续率军攻打齐国，其兵锋所指所向披靡，齐国连失 73 座城池，到最后仅剩下聊城、莒城、即墨三地。起初，乐毅准备一举击垮齐国，但这三座城池非常坚固，接连多日都未取得成功。后来，乐毅改变战略，他认为要想征服齐国，单纯靠武力是不行的，应该先收买人心，如果不能收买齐国人心，即便是占领齐国所有土地也是枉然。于是，乐毅命令全军对聊城、莒城、即墨三地只围不攻，并对已经夺取的齐地，实行轻徭薄赋的政策，希望以此瓦解齐国人心。

◇离燕赴赵　书信永唱◇

公元前 278 年，燕昭王驾崩，子乐资继位，是为燕惠王。燕惠王做太子时，曾经与乐毅不和，登位后，便开始排挤乐毅。齐国将军田单得知燕国君臣不和，便派出大量奸细到燕国散布流言蜚语："乐毅将军如此神勇，一口气吞掉齐国的 73 座城池，本可以一举吞灭齐国，可为什么独留下聊城、莒城、即墨三地呢？其实乐毅有谋反之心，这将是他叛出燕国的筹码。"燕惠王听到这种流言后，对乐毅产生怀疑，就派大将骑劫前往临淄，接管乐毅的兵权。

▲ 乐毅画像

乐毅被免职后，担心燕惠王继续起疑，再生事端，便悄悄离开燕国，到赵国避难去了。赵王见乐毅前来，欢喜无比，立即设宴款待乐毅，并拜乐毅为上将军。乐毅攻齐之战闻名天下，如今坐镇赵国，余威犹存，保得赵国多年安宁。

燕国大将骑劫接管乐毅兵权之后，一改乐毅当年对齐策略，时常暴打齐人，引起齐人强烈不满。齐将田单认为反攻时机成熟，就故意率兵出城攻打燕军。骑劫大怒，率大军迎战。两军交战过程中，田单假装不敌，向后撤走，骑劫率兵追赶，不料遭受齐军伏击，伤亡惨重，骑劫见势不妙，想要率军逃跑，却被齐军一箭射死马下。随后，田单率军向燕军发动反攻，半月之后，齐军把燕军全部驱逐出境，将失地尽数收回。

燕惠王见己军一败涂地，十分后悔把乐毅赶走，后听闻乐毅在赵国任职，就写信给乐毅："先王在世之时，曾把全国军队交由将军掌管，将军没有辜负所托，多次击败齐军，使我国闻名天下，本王也十分感激将军。先王归天后，本王登上王位，听信谗言，误会了将军，请将军谅解。但本王派骑劫接管将军的兵权，并不是要怪罪你，而是觉得你劳苦功高，想要给你更多时间休养。可是将军却心生怨恨，赌气投向赵国，将军这么做怎么对得起先王啊！"

乐毅看完信件，十分恼火，即刻拿起纸笔，写下了《报燕惠王书》。文中狠狠地讽刺了燕国的虚伪嘴脸，表明了自己对燕昭王知遇之恩的怀念，抒发了自己出走致使先王大业功败垂成的愤慨，最后还特意指出，自己绝对不会像伍子胥一样侍奉一个昏庸无能的君主。

燕惠王看到信件，羞愧难当，为了弥补对乐毅的亏欠，封乐毅之子为昌国国君。乐毅人虽在赵国，但因感念燕昭王恩德，也就没有帮助赵国攻打燕国，反倒是充作燕、赵两国的中间人，为促进两国关系

▲ 田单（生卒年不详），
战国时期齐国将相

▲ 王羲之《乐毅论》

117

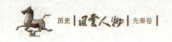

而奔走。几年后，乐毅死于赵国。

■历史评价 I

在中国古代史书上，乐毅在军事理论上的建树虽然并没有记载，但他曾率五国联军重创齐国，将齐国大部分土地纳入燕国，使天下诸侯闻其名而丧胆，这一切都表明了乐毅超绝的军事才能，他无愧于军事家的称号。另外，乐毅在《报燕惠王书》中描述出心中理想的君臣画面，为后代君王用人之道另辟蹊径，他与燕昭王的君臣之情也成为后代贤者的向往境地。如三国时期的诸葛亮，时常以乐毅自比，期望能与乐毅一样能遇上一个像燕昭王一样的贤主。

■大事坐标 I

公元前284年 ｜ 率领燕、赵、韩、魏、楚五国联军击败齐国，名扬天下。

公元前278年 ｜ 燕惠王在位，受到排挤，到赵国避难。

■关系图谱 I

乐毅

骑劫 ← 同僚

田单 ← 对手

君臣 → 燕昭王
父子 ↓
君臣 → 燕惠王

战争杀神

白起

■名片春秋 |

白起(? ~ 公元前 257),又称公孙起,秦国郿(今陕西眉县东)人,战国时期著名的军事家、韬略家、统帅,与廉颇、李牧、王翦并称为战国四大名将,位列四大名将之首。他一生领军作战,战无不胜,攻无不克,曾打败韩魏联军,攻灭南楚,重创赵国,纵览古代名将功绩,几乎无人能与其比肩。

■风云往事 |

◇戮战天下　所向披靡◇

秦国,原是西陲小国,秦穆公在位时期,任用百里奚、蹇叔、丕豹等贤才,吞灭函谷关以西的一些国家,国家势力不断扩张。数百年后,秦孝公重用商鞅,实施变法,成了中原头号强国。

公元前 306 年,秦昭襄王在位,白起为封为将军。自此,白起开始了戎马生涯。公元前 294 年,秦韩两国大战,白起骁勇善战,一举攻下韩国新城,被封为左更。次年,著名的伊阙之战爆发,白起率领 10 万大军对阵韩、魏 24 万大军,非但没有失败,

> **左更**
>
> 爵位名。秦、汉二十等爵的第十二级。"更"指更卒,即轮流服役的士卒,左更与第十三级中更、第十四级右更,均以更卒之将为爵位名。

还全歼了韩魏联军，夺取了 5 座城池，取得了战斗的重大胜利。伊阙之战为中国古代军事史上著名的以少胜多的战役，白起凭此战名闻天下，秦国也在此战后，以不可阻挡之势向中原扩展。

公元前 291 年，白起率兵攻打魏国，魏国大败，连失 10 余座城池。次年，白起又率兵夺取魏国垣城。

公元前 286 年，白起奉命率兵攻打赵国，轻而易举地夺取重镇光狼城。

公元前 280 年，白起、司马错率兵攻楚，夺取巫、黔两大郡县，并逼迫楚王献上上庸和汉水以北地区。

公元前 278 年，白起率大军攻灭楚国都城郢，楚王吓得六神无主，慌忙逃往淮阳避祸，伟大的爱国主义诗人屈原听闻楚都失陷，投入汨罗江。此战过后，为了表彰白起的功劳，秦王封其为武安君。

公元前 273 年，赵魏两国率军攻打韩国，韩国势弱，派使者到秦国求援，秦王以白起为上将军，领数万大军攻打赵魏两军。白起得令后，率大军赶至华阳，与魏军展开激战，魏军不敌，13 万大军葬送于白起之手。同年，白起率兵攻打赵军，赵军主帅贾偃率大军迎战，亦不是白起对手，最后全军覆没。

公元前 269 年，白起大军与韩国军队激战陉城，连克韩国 5 座城池。次年，白起率部攻打韩国上党郡，上党郡太守冯亭在无奈之下将上党郡送给赵国，希望赵国能抵挡住秦将白起的攻势。

听说冯亭要将上党郡献给己国，赵王万分高兴，即刻命平原君公子胜前往接管。秦王知道后，非常震怒，便派大将王龁围攻上党郡，赵王也不甘示弱，以廉颇为将，领 40 万大军驻守长平，迎击秦国来敌。

▲ 廉颇（生卒年不详），赵国名将，战国四大名将之一

战国 廉颇

廉颇率部赶到长平，针对当前战况，做出安排，命士兵挖掘深沟，以守代攻，试图与秦军展开消耗战。秦将王龁多次向赵军叫阵，廉颇命全军坚持防御，一时间，双方形成对峙局面。

秦王怕迟则生变，于是秘密安插间谍，散布关于廉颇的流言。赵王中计，改命赵括为上将军，前往长平接管廉颇的兵权。

赵括是赵国名将赵奢的儿子，他虽然谈起作战头头是道，实际上却毫无半点作战经验。他到任后，改变廉颇以守代攻的战斗策略，并撤换了一大批可堪重任的老将，赵军的战斗力被极大地削弱了。

▲ 陕西咸阳白起墓地内白起雕像

秦王得知赵括上任，大喜过望，命白起悄悄率部赶往长平，接管王龁的军权，与赵括展开激战。赵括年纪轻轻，天不怕地不怕，唯独怕秦将白起，所以秦王下令全军，如有人泄露武安君为将，立斩不赦。

白起接管军队后，针对赵括缺乏经验、骄傲轻敌的弱点，决定采取"诱敌深入、分割包围"的战斗策略。其具体部署为：以长璧为伏击地点，派出部分军队攻打赵军，与其接触后，假装不敌，向长璧退走，等赵军追来时，派出一队骑兵切入赵军背后，与前军形成夹击之势，消耗赵军的力量，等赵军大部队赶来时，出动原本埋伏在长璧两侧的军队，对赵军形成分割包围之势，待一切完毕后，再派出5 000 余名骑兵，来回于阵地之中，时刻监视赵军的一举一动。就这样，一张大网已悄悄布下，静待赵括上钩。

公元前262 年，白起派出小股部队攻打赵军，赵括上当，派兵狂追猛打。当赵括率部攻到长璧时，发现秦军突然从后面杀来，才知中计，率兵突围。此时，埋伏在长璧两侧的秦军也一拥而上，并迅速穿插于赵军各个营垒之中，使赵括的突围变成

离间计

在疑中再布疑阵，使敌内部自生矛盾，我方就可万无一失。说得更通俗一些，就是巧妙地利用敌人的间谍为我所用。

▲ 赵括（？~公元前260），
战国时期赵国主帅

▲ 范雎（？~公元前255），
战国时期秦国丞相

空想。

白起见赵军已处在己军的包围圈，便开始派军从四面八方向包围圈中的赵军发动进攻，赵军无法突围，又四面受敌，死伤无数。

秦王得知前方战事，十分高兴，为了彻底歼灭赵军，亲率全国15岁以上壮丁到赵国边境驻守，赵国援军与长平军队之间的联系被切断，使白起再无后顾之忧，专心对付长平赵军。

45天之后，被围困在长平的赵军饥饿难耐，全军士气空前低落。为了改变当前局面，赵括曾多次率军突围，却是徒劳，并在最后一次突围的过程中，被秦军杀死。赵军见主帅已死，再无心作战，便扔下武器向秦军投降。白起为了消灭赵国有生力量，将40万赵军一个不留，全部活埋，仅留下百余老弱病残到赵国送信，赵国上下无不为之胆寒。

◇ 与人结怨　被赐一死 ◇

公元前259年，秦王分兵三路攻打赵国，其中，白起率大军围攻赵都邯郸，赵国生死存亡系于一线。在这危急时刻，赵王派使者携带重金贿赂秦臣范雎说："贵国将军白起率兵攻下长平，灭掉我国40万大军，为国家立下不世功勋，现在白起又率兵攻打邯郸，要是他攻下邯郸，功不可没。到时候，秦王封三公，白起肯定位列其中，而大人您就会因此落于三公之外，我们都为大人叫屈啊！不如您让我国割地赔款，终止白起的建功之路。"范雎觉得很有道理，便向秦王进谏说："我军攻打赵国多时，士兵们已经疲惫不堪，不如暂时停战，向赵国索要一些土地。"秦王听从他的建议，命白起率部撤回。白起无奈，不得不撤回军队。至此，白起与范雎结仇。

不久，白起得病，秦王改任王陵为将，率兵攻打赵国，却一败涂地。秦王便想让白起为将，白起却拒绝说："邯郸是赵国军事重镇，易守难攻，且其他诸侯国在旁虎视眈眈，我们去攻打，几乎没有胜算，所以臣不敢前往。"秦王攻赵心切，命范雎劝说白起，白起都以养病为由，拒不从命。

秦王知道再劝也无益，只得改任王龁为将，命其率兵围攻邯郸。赵王害怕不已，写信请魏国公子魏无忌前来相救。不久，魏无忌率10万大军前来，与赵国军队合击秦军，王龁不敌，军队伤亡惨重。在家养病的白起听说后，对他人说："如果秦王能听从我的建议，怎会有今天这种下场。"秦王听后，大怒，强令白起为将，白起仍推辞不任。于是，秦王将白起贬为庶民。

三个月后，赵、魏、楚三国联军向秦军发动攻击，三国暴雨连珠般的攻击，使秦军感到力不能支。秦王认为这都是白起的过错，就把他逐出咸阳城。大臣范雎怕白起再被起用，就对秦王说："武安君被贬出咸阳后，仍然口出怨言，实在是对大王您的不敬啊。"秦王遂命使者持宝剑到白起处，令其自尽。白起听说秦王要赐死自己，心中十分悲痛，他抚摸着寒光凛凛的宝剑，喃喃说道："我身犯何罪，竟然落得如此下场？"叹息良久，又幽幽地说道："是了，我真的该死，长平一战我坑杀了40万赵军，伤了天和，这是报应。"言罢挥剑自尽。

▲ 陕西咸阳白起墓

昔白起为秦将，南拔郢都，北坑赵括，以纤介之过，赐死杜邮，秦民怜之，莫不陨涕。
——西汉·谷永

■历史评价 ｜

白起一生为秦国南征北战，立下旷世奇功，却落得个被君王赐死的下场，真是可悲可叹。曾有史料记载，战国时期中原人口约2 000万，白起一人就杀死近200万人，使其背上了"杀神""屠夫"等不好的名声，可谓战争杀神。另一方面，也充分体现了白起卓越的军事才能。然而一代枭雄，却无法善终，这是为什么呢？难道仅仅是因为他拒绝攻打赵国吗？当然不是，实乃功高震主也，纵观历史，

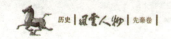

如韩信、徐达等获得如此下场的人比比皆是。

■大事坐标 |

公元前 294 年	率军攻打韩国，因功被封为左更。
公元前 293 年	与韩魏联军激战伊阙，灭掉对方 24 万大军，天下闻名。
公元前 291 年	率兵攻打魏国，连克 10 余座城池。
公元前 290 年	率军夺取魏国垣城。
公元前 286 年	率军攻打赵国，夺取光狼城。
公元前 280 年	与司马错率兵分两路攻楚，夺取巫、黔两大郡县。
公元前 278 年	率军攻陷楚国都城郢，捣毁楚国宗庙。
公元前 273 年	率军攻打赵魏联军，大获全胜。
公元前 269 年	率军与韩军激战阤城，夺取其国五座城池。
公元前 268 年	率军攻打韩国上党郡。
公元前 262 年	率军与赵军激战长平，活埋赵国降兵 40 万。
公元前 259 年	率军围攻邯郸。
公元前 257 年	去世。

■关系图谱 |

买卖权色的投机商

吕不韦

■名片春秋 ｜

吕不韦（？～前235），卫国濮阳（今属河南）人，战国末期著名商人。久居韩国阳翟（今河南禹州）城南大吕街做生意。他往来各地，以低买高卖积累起了千金家产。后成为秦国丞相、政治家、思想家。他以"奇货可居"闻名于世，曾辅佐秦庄襄王登上王位，为相13年。他有门客三千，组织门客编写了著名的《吕氏春秋》（又称《吕览》）。

■风云往事 ｜

◇奇货可居 梦想成真◇

公元前267年，秦太子悼死在魏国，第三年秦昭王立次子安国君为太子。安国君的正夫人为华阳夫人，安国君对她非常宠爱。虽然安国君有20多个儿子，但是华阳夫人膝下无子。

公元前258年，阳翟的大商人吕不韦到赵国邯郸经商，见到秦国王孙异人（后改名子楚），认为"奇货可居"，于是打算重金资助他。

子楚是安国君的儿子，在兄弟中排行居中，其

庶出

在封建宗法制度下，姬妾，或者非正妻的嫔妃所生的孩子叫庶出。姬妾有无名分，其后都是庶出。当后嗣众多时，嫡出比庶出更有资格继承财产或爵位。但清朝以后在皇室的影响下，这种制度渐渐不复存在。如康熙、雍正、乾隆等，其母均为嫔妃而非皇后嫡母。

125

母夏姬不受宠爱，子楚因为庶出也不受秦王和安国君重视，作为人质被派到赵国，但是因为秦国曾多次攻打赵国，所以赵国对子楚这个人质也不待见，子楚在赵国的生活非常困窘。

吕不韦结识子楚之后，就对子楚说："我能帮你光大你的门庭。"子楚笑着说："不要说大话了。你先光大自己的门庭，然后再来光大我的门庭吧！"吕不韦说："我的门庭要等待你的门庭光大之后才能光大。"子楚会意后与他深谈。吕不韦讲道："现秦王年事已高，你父亲安国君被立为太子。但你兄弟二十多人，你排行中间，不受宠幸，而且又被长期留在诸侯国充当人质，如果有一天，秦王死去，安国君继位，你还远在诸侯国做人质，那就真没你的事了！"

子楚说："是这样，但我又能怎么办呢？"吕不韦说："你在这里当人质，生活不富裕，肯定也没什么可献给亲长，用来结交宾客。虽然我也不富有，但愿意为你资助千金，帮你到咸阳游说和侍奉华阳夫人，助你登上太子之位。"子楚非常感激，叩头拜谢道："果真如此的话，我愿意将秦国的国土与您共享。"

于是，吕不韦就给了子楚五百金，让其广交宾客；另拿五百金购买了一些奇珍，自己带着去了咸阳。他先去拜见了华阳夫人的姐姐和其弟弟阳泉君，把奇珍转献给了华阳夫人，还顺便谈及子楚的聪明贤能，所结交的诸侯宾客遍及天下，但子楚对华阳夫人却非常尊重，还时常称自己把夫人奉为天，华阳夫人听后十分开心。吕又乘机让其姐姐劝说夫人道："夫人您现在年轻貌美，甚受太子宠爱，但是女人一旦年龄大了，宠爱也可能随之减少。而且你又没有儿子，不如趁现在早点在太子的儿子中结交一个孝敬您且贤能之人，立为子嗣，这样太子在时您能得到宠爱，太子去世后，可让自己的儿子继位为王，

不韦及嫪毒贵，封号文信侯。人之告嫪毒，毒闻之。秦王验左右，未发。上之雍郊，毒恐祸起，乃与党谋，矫太后玺发卒以反蕲年宫。发吏攻毒，毒败亡走，追斩之好時，遂灭其宗。而吕不韦由此绌矣。孔子之所谓"闻"者，其吕子乎？
——《史记·吕不韦列传》

最终也不会失势，这才是长久之计呀！现在子楚贤能，而自己也知道排行居中，其生母也不受宠，按常规是不可能被立为太子的，现在他想主动依附于夫人，此时夫人若能提拔于他，他必知恩图报，那夫人您一生在秦国也都会无忧了。"华阳夫人听后感觉甚是有理，就找机会与安国君委婉地谈到在赵国做人质的子楚非常有才能，来往的人都称赞他。接着就哭着说："我有幸能填充后宫，但非常遗憾却没有给你生个一儿半女，我希望能立子楚为继承人，以便日后有个依靠。"安国君答应了，就和她刻下玉符，立子楚为继承人，并且送了很多礼物给子楚，还请吕不韦当他的老师。此后，子楚的名声在诸侯中越来越大。

吕不韦有一个侍妾，名叫赵姬，舞技了得并且颇有姿色，怀有身孕后，吕不韦将其献给了子楚，但隐藏了其怀孕的事实，后来，赵姬生个儿子，名政。子楚就立了赵姬为夫人。公元前257年，秦出兵围攻邯郸，情况非常紧急，赵国想杀死人质子楚。子楚在吕不韦的协助下免于一死，回到了秦国。其夫人和儿子政也隐藏了起来，才躲过了此劫。

▲ 赵姬画像

◇宦海沉浮　千世传唱◇

公元前 251 年，秦昭王去世，安国君继位，立华阳夫人为后，并立子楚为太子。赵国此时也将子楚的夫人和儿子政护送回了秦国。安国君继位，守孝一年后，当了三天皇帝，谥号孝文王。子楚继位，他就是秦庄襄王。华阳王后被尊奉为华阳太后，生母夏姬被尊奉为夏太后。公元前249年，秦庄襄王任吕不韦为丞相，封其为文信侯，并在河南洛阳给了10万户封地。

秦庄襄王即位三年之后去世，太子政继位，尊奉吕不韦为相国，称为"仲父"，因政年幼，故由吕不韦辅政。在那时，魏国有信陵君，楚国有春申君，赵国有平原君，齐国有孟尝君，他们都礼贤下士，结交宾客。于是吕不韦也重金广招文人学士，门下食客多达3 000人。吕不韦命他的食客们各自将所见所闻记录，综合在一起成为八览、六论、十二纪，共20多万字，号称《吕氏春秋》。因其汇合了先秦各派学说，"兼儒墨，合名法"，所以历史上也称之为"杂家"。书成之日，吕不韦命人将其写出来挂在咸阳的城门上，上面还悬挂着一千金赏金，声称能增删一字者赏千金。"一字千金"的典故由此得来。

政继位之时，尚且年幼，太后（即昔日吕不韦的侍妾赵姬）时常与吕不韦私通。但是随着政逐渐长大，吕不韦也越来越惶恐，怕他们的事被政发现，灾祸降临，于是暗地寻求了一个阴茎特别大的人作为门客，此人名嫪毐（lào ǎi），吕不韦时常让嫪毐表演用阴茎穿在桐木车轮上，推动车轮转动，并且设法让太后得知此事。太后得知后，果然非常想得到嫪毐。于是吕不韦买通了主持宫刑的官吏，将嫪毐以太监的身份送进了宫，献给了太后。太后对这个嫪毐青睐有加，经常和他厮混，后来怀了身孕，为掩人耳目，假称算卦不吉利，需

▲ 吕不韦画像

冠礼

中国古代汉族男性的成年礼。

要换一个居住环境，于是移居到秦朝旧都雍地的宫殿中。太后特别宠爱嫪毐，一直将他带在身边，对他的赏赐也十分大方，而且大小事情都听从他的决定。后来嫪毐慢慢地拥有奴仆数千人，门客也有上千，权倾一方。

公元前 236 年正月，秦王亲政的日期一天天临近，此时有人告发嫪毐是假宦官，实际是太后养的面首（情夫），并和太后生有二子，还和太后密谋"若是秦王政死去，就让自己儿子继位"。秦王得知此事，大怒，命法官严查此事，嫪毐和太后非常惶恐，于是他们秘密商量对策，暗暗做应付不测的准备。四月，秦王政前往雍城举行冠礼（成人礼，冠礼之后亲政），王族大臣们都纷纷前往，都城咸阳一时成为空城，这对被逼急了的嫪毐来说，是千载难逢的机会。于是，他在咸阳发动了武装政变。秦王遂命相国吕不韦、昌平君和昌文君发兵平叛，两军大战于咸阳，嫪毐兵败逃脱。后嫪毐被悬赏捉拿后，被处以车裂（即车马分尸），诛灭宗族，同时其同党都被枭首示众，家臣或被判刑，或被流放。

公元前 237 年，相国吕不韦与太后的旧情，其献嫪毐于太后等事情也被秦王知晓，吕不韦被免去相国职务，驱逐出京城，回到自己的封地河南（今河南洛阳）。在齐人茅焦等的劝说下，秦王将太后从雍地迎回了咸阳。

吕不韦虽然被免去职务，回了河南，但是各诸侯国的宾客使者前来问候吕不韦的还是络绎不绝，秦王得知后怕他也发动叛乱，于是亲自下书给吕不韦，命

▲ 秦王嬴政像

车裂

古代刑法。把人的头和四肢分别绑在五辆车上，套上马匹，分别向不同的方向拉，这样把人的身体硬撕裂为五块。有时，执行这种刑罚时不用车，而直接用五头牛或马来拉，所以车裂俗称五牛分尸或五马分尸。

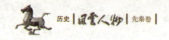
其携全家迁往四川。公元前 235 年，接到此信之后，吕不韦唯恐会有全家被诛等更为严厉的处罚，于是饮鸩自杀。

■ 历史评价 |

　　在中国古代历史舞台上，吕不韦堪称千古奇人。他开创了商人从政的先河，对中国历史影响深远。但因作风问题，终难免一死。

■ 大事坐标 |

公元前 258 年	资助秦国公子子楚。
公元前 257 年	帮助子楚逃回秦国。
公元前 251 年	子楚被封为太子。
公元前 249 年	秦太子子楚登上王位，是为秦庄襄王，封吕不韦为丞相。
公元前 246 年	秦王政立，封吕不韦为相国。
公元前 237 年	被罢黜相位。
公元前 235 年	饮鸩自杀。

■ 关系图谱 |

吕不韦

父子

秦王政

窃符救赵

魏无忌

■名片春秋 ｜

魏无忌（？ ～公元前 243），魏昭王少子，魏国安釐王之弟，战国时期魏国著名的军事军、政治家。因被安釐王封于信陵（今河南宁陵），故称信陵君，与赵国平原君、楚国春申君、齐国孟尝君并列为战国四君子，位列四君子之首。曾两度打败秦国强兵，声名显赫。此后数十年，中原诸侯国不敢攻打魏国，全赖其功。

■风云往事 ｜

◇公子风范　门客有贤◇

公元前 277 年，魏昭王去世，安釐王继位。安釐王登位后，命弟弟魏无忌率兵驻守信陵。魏无忌平易近人，待人宽厚，天下贤士望风来投，不久，魏无忌府上就齐聚 3 000 多位贤才良士。

一天，安釐王与魏无忌正在宫中下棋，突然有侍卫闯入，向安釐王禀报赵军来攻。安釐王大惊失色，欲召集大臣商议对策。魏无忌却劝阻说："大王不必惊慌，臣弟料定赵军根本不可能攻打我国，肯

▲ 魏无忌画像

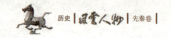
定是在狩猎。"言罢，继续与安釐王下棋。安釐王却无心下棋，等侍卫来报说赵军狩猎，这才放下心来。之后，安釐王称赞魏无忌料事如神，魏无忌却谦虚地说："这不是臣弟的功劳，都是臣弟门下之人的功劳。"魏无忌正因为有如此贤才辅佐，才成就了一番事业。

魏无忌听说隐士侯嬴很有才能，便想请其出山，于是亲自携重礼登门拜访。起初，侯嬴并不领情，可魏无忌并没有放弃。一天晚上，魏无忌约请侯嬴到府上参加宴会，宴席中，魏无忌亲自为其斟酒，并向门客夸奖其才能，还命门客们向其敬酒，侯嬴被感动，遂成为魏无忌的门客。

◇窃符救赵　威名远扬◇

公元前 276 年，秦昭王以替大臣范雎报仇为名，向魏国兴师问罪，要求魏王交出凶手魏相魏齐。魏齐事先得知，逃往赵国平原君赵胜府上避祸，秦昭王并不罢休，将平原君赵胜骗到秦地，并威胁赵国交出魏齐。

然而赵国并没有答应秦昭王的要求，赵国上卿虞卿为救回平原君，与魏齐一起跑到信陵，找魏无忌帮忙，希望魏无忌能送两人到楚国搬救兵。当时秦国势大，魏无忌怕秦昭王怪罪，心中有所犹豫，便征求门客们的意见。一门客答曰："虞卿是当世名士，在赵国担任上卿期间，政绩卓著，深受赵王倚重。虞卿之所以没有将魏齐交给秦国，是因为他早年贫穷的时候，受过魏齐的恩惠，所以他才甘愿冒着危险，夜过大梁，到楚国搬救兵。"魏无忌听后，非常佩服虞卿的为人，立即前往迎接虞卿和魏齐，可惜来迟一步，魏齐不愿拖累虞卿而自杀。虞卿伤心之至，将魏齐的人头献给秦国。

公元前 262 年，秦赵长平之战爆发，赵将赵括无能，率领的 40 万大军全部被秦军消灭，赵国都城也因此被秦军团团包围。生死存亡时刻赵国平原君决定派人向魏国信陵君魏无忌求救。

▲ 平原君（？~前251），即赵胜，战国时期赵国大臣、赵武灵王之子、战国四君子之一

平原君为什么向信陵君魏无忌求救呢？原来魏无忌与平原君之间有一层亲戚关系，魏无忌的姐姐是平原君的妻子。平原君考虑魏无忌肯定会顾及姐姐安危，率兵前来，这么一来，邯郸之围就能解除。于是，平原君差人给魏无忌送信。魏无忌听说后，向安釐王禀报此事，安釐王也不含糊，立即命大将晋鄙率10万大军前往营救赵国。

秦昭王得知魏军动向，便向魏国派出使者，以极其强硬的口气威胁魏王："赵国很快就要灭亡，倘若你派兵前去救援，那么赵国灭亡之后，我军大将白起将会挥师直取大梁。"安釐王早就听说过秦将白起的威名，今又听到秦使的话，心中害怕不已，急忙命人告知晋鄙，不准再向魏国进发。此后，赵国使者多次到魏国求助，魏王仍不敢出兵援助。赵国形势越来越危急，平原君在无奈之下给魏无忌写信，信中言："我早就听说公子为人仗义，常救人于危难，而今我国都城邯郸被围，公子却毫无怜悯之心，您纵然舍得赵国灭亡，难道就不顾您姐姐的生命安危了吗？"

▲ 窃符救赵图

魏无忌看着平原君的来信，心中惭愧不已，便请求安釐王出兵救援，安釐王仍不为所动。最后，魏无忌把心一横，决定率领百名门客前往救赵。就在这时，门客侯嬴对魏无忌说："公子不要鲁莽，这样前去，肯定是无济于

▲ 魏军兵符

▲ 朱亥杀晋鄙图

事，您不如偷偷把魏王的兵符偷出，借以调动晋鄙麾下的 10 万强兵，这样定能解除邯郸之围。"魏无忌觉得很有道理，命人携金钱贿赂安釐王宠妃，顺利得到兵符。

魏无忌拿到兵符后，准备去接管晋鄙的军队，门客侯嬴却拦住他说："将在外，君命有所不受，如果晋鄙不肯交出兵权，那可就麻烦大了。不如我请好友朱亥和您一起前去，等见到晋鄙后，若是他有所怀疑，则可让朱亥将他杀死。"魏无忌听从侯嬴建议，带朱亥去见晋鄙。晋鄙看到兵符，心中生疑，可还没等他反应过来，就被朱亥一锤打死。魏无忌终于顺利接管了军队。

魏无忌夺取兵权后，召集众军，向他们说道："为家中独子的，出列还家；父子都在军营的，父出列还家；兄弟都在军营的，兄长出列还家。"最后选得 8 万精兵，快速率军向邯郸行进。

被困在城中的赵王已是万念俱灰，突然听说信陵君魏无忌率兵来援，随即打起精神，率领全军出城，与魏军前后夹击秦军，秦军腹背受敌，夺路而逃，邯郸之围遂解。赵王见到魏无忌后，感激地说道："公子果然高义，如果没有公子前来，本王已是亡国之君，还请公子在我国小住，让本王好好地报答公子。"魏无忌心中知道自己盗取兵符，擅杀大将，回到国家后，肯定会被处罚，暂时住在赵国，不失为一个好的办法。于是将大军遣回魏国，后与门客住在赵国，未曾想到这一住，就长达 10 年。

◇留赵十年　心系祖国◇

赵王为了感谢魏无忌，决定送给他 5 座城池。魏无忌认为这是自己应得的报酬，决定收下。他的门客却不这样认为，有一门客向他说道："公子救人于危难，是高尚仗义的行为，若因此而居功自傲，非但无功，还会被世人嘲笑。"魏无忌觉得很有道理，就听从门客建议，拒绝接受赵王赏赐的城池，赵王多次礼让，都被拒绝，此后便不再提起此事，却对魏无忌也越发尊敬。

几年之后，魏无忌与平原君产生矛盾，魏无忌不悦，决定离开赵国回归家乡。平原君闻听，忙到魏无忌府上赔罪，魏无忌这才打消了归乡的念头。

赵国君臣对魏无忌尊敬有加，秦国君臣却是十分痛恨魏无忌，如果不是魏无忌从中作梗，赵国土地早就归入秦国版图。秦王为了宣泄心中的愤怒，多次派军攻打魏国，魏军不敌，秦国占领了魏国土地。安釐王为了国家存亡，便写信请弟弟魏无忌回国，共同商议退敌的对策，并向魏无忌保证不会追究往日之事。

魏无忌虽身在赵国，但心里却始终挂念着魏国，国家每失去一片土地，他就会内疚一分。他认为这都是自己的过错，后听闻安釐王请自己回去，心里高兴万分，立即向赵王辞别，回到魏国。

◇击败强秦　将亡国亡◇

不久，魏无忌回到魏国，被安釐王封为大将军，率领大军抗击秦军。

魏无忌为了打退秦军，于公元前 247 年联合燕、韩、楚等五国军队反攻秦军，秦军寡不敌众，狼狈逃窜，魏无忌率部追至函谷关外，才尽兴凯旋。此后数年，秦人视魏无忌为猛虎，不敢再发兵攻魏。

秦王野心勃勃，想要灭掉魏国，却因惧怕魏无忌而不敢轻举妄动。为此，秦王命人携带重金赶到魏国，贿赂魏国朝廷重臣，让他们到安釐王面前说魏无忌的坏话。不久，有大臣向安釐王进言："当今天下诸侯只知道信陵君，而不知道大王您，都愿听从信陵君的调遣，而不愿意服从您的命令，这可是

六国君王不足乎一救弱赵，只身公子能有以二退强秦。
——徐世昌

侠客行（节选）

唐·李白
闲过信陵饮，
脱剑膝前横。
将炙啖朱亥，
持觞劝侯嬴。

135

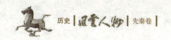
不好的兆头。而且臣还听说，秦王曾悄悄会见信陵君，允诺他做魏国的大王，您可要提早做好防备措施啊。"安釐王听后，非常郁闷，不再继续信任魏无忌，魏无忌没想到自己如此忠于国家，到头来却被自己的哥哥怀疑，心中激愤难平，便以养病为由，终日闭门不出，纵情于声色之中。

公元前243年，魏无忌去世。秦王听到魏无忌的死讯，立即发兵攻魏，魏国不敌，于公元前225年被秦国所灭。

■历史评价 |

战国中后期没有国家能与秦国抗衡，更不可能战胜秦国，楚国不行，齐国也不行，然魏国却可以两次击败秦军，这全赖信陵君魏无忌的功劳。魏无忌死后，留下《魏公子兵法》21篇，被汉臣班固收藏于《汉书》之中，为后代留下宝贵的财富，他的名字与他的兵法一样在中国古代史上熠熠生辉。《史记》里曾这样评价魏无忌："能以富贵下贫贱，贤能诎于不肖，而后屡挫强秦，名冠诸侯，威震中原，唯信陵君是也。"如此评价，再合适不过了。

■大事坐标 |

公元前257年 ↑ 窃符救赵，第一次战胜秦国。
公元前247年 ↕ 联合燕、韩、楚等五国击败秦国。
公元前243年 ↓ 去世。

■关系图谱 |

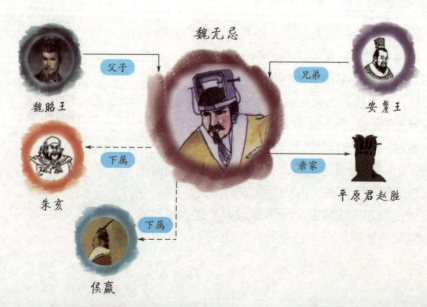

魏无忌

魏昭王 —父子→ 魏无忌 —兄弟→ 安釐王

朱亥 ←下属—

魏无忌 —亲家→ 平原君赵胜

侯嬴 ←下属—

第三编

文化名人留书香

百家争鸣，形容先秦文化再适合不过的字眼。春秋以来，儒学、道学、墨学等并起。

儒学方面，首推孔子。孔子以儒道行天下，赢取"万世师表"之名，后人香火不断，孔子也就成为华夏最知名的圣人。孟子、荀况继续致力于宣传儒学，使儒学思想深深地扎根在华夏大地之上。

道学方面，老子为创始人，曾传他骑青牛过函谷关，路遇关令喜，留下道家宝藏《道德经》，从此道家开始在九州扎根。后来庄子亦推崇道学，他日夜求索蝴蝶在自己的梦里还是自己在蝴蝶的梦里，未果，却撰写出具有大道思想的《庄子》，至今仍具有极其重要的借鉴意义。

墨学方面，墨子主张兼爱非攻，期望世界能实现大同永恒，并终生为此努力，留下一段可歌可泣的故事。

文学方面，屈原当仁不让成为文学宗师，留下《楚辞》华章。他追求美政，即便是流放千里，也不忘上下求索，最终却魂丧汨罗江。

由此我们可以看出，先秦，这个思想大解放的时代，成就了中华民族博大多元的精神文化。

生而白发 骑牛东去

老子

■名片春秋▮

老子（生卒年不详），姓李，名耳，字聃，楚国苦县（今河南鹿邑东）人。曾做过周朝的守藏室之史。我国古代伟大的思想家、哲学家，道家学派创始人，被唐朝帝王追认为李姓始祖。他所撰述的《道德经》开创了我国古代哲学思想的先河，对我国古代思想文化的发展做出了重要贡献，对后世产生了深远的影响。

▲ 河南老君山老子铜像

■风云往事▮

◇学而好思　孔子之师◇

老子自幼聪慧好学，爱动脑筋，因为总缠着家人问问题，其母就为其专门延请了一位学识渊博的老先生商容，商容不但精通殷商礼乐，更是博古通今，熟知天文地理。

有一天，商容讲道："天地之间人为贵，众人之中王为本。"老子问："天为何物？"商容回："天者，在上之清清者也。"老子问："清清者又是何物？"商容回："清清者，太空是也。"老子问："太空之上，又是何物？"商容回："太空之上，清之清者也。"老子又问："之上又是何物？"商容回："清之清者之上，更为清清之清者也。"老子再问道："清者穷尽处为何物？"商容回："先贤未传，古籍未载，愚师不敢妄言。"晚上，老子回家问母亲这个问题，母亲答不上来；问家里其他人，也都说不上来。于是他晚上抬头观星辰，低头思考天上之天，竟一夜未合眼。

又一天，商容讲道："六合之中，天地人物存焉。天有天道，地有地理，人有人伦，物有物性。有天道，故日月星辰可行也；有地理，故山川江海可成也；有人伦，故尊卑长幼可分也；有物性，故长短坚脆可别也。"老子问："日月星辰，何人推而行之？山川江海，何人造而成之？尊卑长幼，何人定而分之？长短坚脆，何人划而别之？"商容回："皆神所为也。"老子问："神何以可为也？"商容回："神有变化之能。造物之功，故可为也。"老子又问："神之能何由而来？神之功何时而备？"商容回："先师未传，古籍未载，愚师不敢妄言。"到了晚上，老子回家将这个问题问母亲，母亲答不上来；问家里其他人，也都答不上来。于是他视物而思，触物而类，三日不知饭味。

这类事，常有发生，好学善思的老子遍访相邑之士，遍读相邑之书，遇暑不知暑，遇寒不知寒。后来他从最普通的事物中，感悟到了很多宇宙、人生、治国等方面的哲理。比如，他从最常见的水中悟出：天下柔弱，若过于水，而攻坚者，莫之能胜，其无以易之。

▲ 老子画像

139

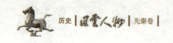

守藏史
掌管国家图书典籍的史官。守藏室是周朝典籍收藏的地方，集天下之文，收天下之书。

商容教了老子三年之后，去跟老夫人告别，他说老子非常聪颖好学，且善思考，自己现在已经教不了老子了，而且老子是志远图宏的少年，相邑比较偏僻闭塞，如果想要雕琢好老子这块璞玉，就应该让他去周都深造，那里典籍如海，贤士如云，是天下的圣地。

后来，在商容老师的力荐下，老子去了周都，投奔到商容的师兄——周太学博士门下。在博士的帮助下，他入太学，学习天文、地理、人伦等，遍读《诗》《书》《易》《礼》《乐》，修研典章、史书，三年后大有长进。博士又推荐他到守藏室任职。守藏室是收藏周朝典籍的地方，这里藏书非常多，集天下之文，收天下之书，无所不有。老子在里面，就像蛟龙游入大海，雄鹰展翅蓝天。他如饥似渴地博览群书，渐臻佳境，通礼乐之源，明道德之要，三年后又升迁为守藏室之史，渐渐地四海皆知，声名远播。

孔子一生曾多次拜访老子，公元前535年是第一次。公元前518年，孔子来到周都洛邑，再次拜访老子。老子见孔子远道而来，非常高兴，不但自己传授其学识，还引荐孔子拜访大夫苌弘。苌弘善乐，传授孔子乐律、乐理；又带孔子观祭神之典，考宣教之地，察庙会礼仪。这些都让孔子感叹不已，获益不浅。老子对孔子说："当今之世，聪明而深察者，多次遇难事几乎丧命，大都是因为喜欢讥讽人不对的地方；善辩而通达者，他们屡屡惹祸上身，是因为喜欢说别人不好的事。为人之子，不要以己为高，为人之臣，不要以己为上，希望你一定记住。"孔子顿首道："弟子一定谨记在心！"

数日后，孔子来向老子告别，老子最后跟他讲："你回去之后一定要去掉身上的骄气和欲望，抛弃一切故作的情态情色和好高骛远的志向。否则，人未至而声已到，体未至而风已动，张张扬扬，就像老

▲ 老子立像

虎行走在大街上一样，这样没人敢用你了?"孔子非常感激。

拜别老子后，孔子对弟子说道："鸟，我知道它会飞；鱼，我知道它能游；兽，我知道它能走。能走的可以用网缚之，能游的可用钩钓之，会飞的可用箭取之，但是龙，人们却拿它没办法。它是乘风云

▲ 江苏句容茅山老子神像

而上九天也! 吾所见的老子，他就像天上的飞龙，学识渊深莫测，志趣高邈难知；像蛇一样随时屈伸，如龙一样应时变化。老子，真是我的老师呀!"

◇青牛过关　传书后世◇

话说老子任周守藏室之史时，也曾多次回家省亲，一直想将母亲接到周都，但是母亲故土难离，不愿远迁。一转眼30年过去了，一天，老子突得家讯，说母亲病危，于是报请天子，回家探望。到家后，母亲已辞世，老子在家为母守丧，后守丧期满于公元前518年返周。公元前516年周王室发生了内乱，王子朝率兵攻下刘公之邑。周敬王受迫。后周敬王得晋国出兵救援。王子朝兵败，后与旧僚携周王室典籍逃亡楚国。老子自觉失职而主动请辞，他决定离宫归隐，骑一头青牛，出函谷关，西游秦国。

函谷关守关官员尹喜，自幼即好观天文，爱读古籍，学问很深。一天夜晚，凝视星空之际，他突然发现东方紫云聚集，其长三万里，形如飞龙，自东向西而来，他自言自语："紫气东来三万里，圣人西行经此地。青牛缓缓载老翁，藏形匿迹混元气。"

▲ 河南杞县老子庙

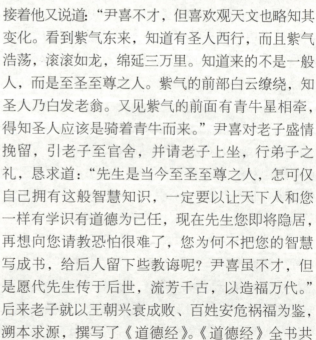

▲ 陕西西安周至县北麓楼观台内老子授经台

他心想莫非是自己久仰大名的老子将要前来？于是赶紧清扫道路40里，夹道焚香，迎接老子。

七月十二日傍晚，行人稀少，忽见一白发如雪的老者倒骑青牛而来，其垂肩耳，眉长须茂，衣着简朴洁净。尹喜急忙三步并作两步，奔上前去，跪在青牛前拜道："尹喜叩见圣人。"老子见此人长相非同一般，知非常人，故意试探道："关令大人叩拜我这贫贱老翁，不合常理，老夫不敢承当，不知大人有何见教？"尹喜道："老丈，您是圣人！还请您务必留宿关舍以指修行之途径。"

道可道，非常道；名可名，非常名。无，名天地之始；有，名万物之母。故常无，欲以观其妙；常有，欲以观其徼（jiào）。此两者同出而异名，同谓之玄，玄之又玄，众妙之门。
——《道德经》

接着他又说道："尹喜不才，但喜欢观天文也略知其变化。看到紫气东来，知道有圣人西行，而且紫气浩荡，滚滚如龙，绵延三万里。知道来的不是一般人，而是至圣至尊之人。紫气的前部白云缭绕，知圣人乃白发老翁。又见紫气的前面有青牛星相牵，得知圣人应该是骑着青牛而来。"尹喜对老子盛情挽留，引老子至官舍，并请老子上坐，行弟子之礼，恳求道："先生是当今至圣至尊之人，怎可仅自己拥有这般智慧知识，一定要以让天下人和您一样有学识有道德为己任，现在先生您即将隐居，再想向您请教恐怕很难了，您为何不把您的智慧写成书，给后人留下些教诲呢？尹喜虽不才，但是愿代先生传于后世，流芳千古，以造福万代。"后来老子就以王朝兴衰成败、百姓安危祸福为鉴，溯本求源，撰写了《道德经》。《道德经》全书共

5 000 多字，81 章，分上、下两篇，即为《道经》(前 37 章)和《德经》(后 44 章)。《道经》的起首是 "道可道，非常道；名可名，非常名"，《德经》起首为 "上德不德，是以有德；下德不失德，是以无德"。《道德经》被誉为万经之王，是中国历史上最伟大的名著之一，对中国哲学、科学、政治、宗教等产生了深刻影响。

■历史评价 |

老子的《道德经》是中国历史上首部完整的哲学著作，是中国道学思想的经典，道家哲学思想的重要来源。它以自然无为之说，解释了天地万物产生、发展、灭亡的自然规律，并相应地告诉人们如何认识自然、对待自然。胡适曾这样评价老子："老子是中国哲学的鼻祖，是中国哲学史上第一位真正的哲学家。"

■大事坐标 |

公元前 535 年 ↕ 孔子第一次拜会。
公元前 518 年 ↕ 孔子第二次拜会。

■关系图谱 |

老子

师徒 → 孔子

商容 师徒 → 老子

周敬王 君臣 → 老子

一个圣人背后的故事

孔子

■名片春秋 ▎

孔子（公元前 551 ~ 前 479），子姓，孔氏，名丘，字仲尼，春秋后期鲁国人。中国古代伟大的思想家、政治家、教育家。他开创了私人讲学的风气，招收门徒，传授《诗》《书》《礼》《乐》等古代文化典籍，是儒家学派的创始人。他的观点和学说由他的弟子后来记述整理为《论语》，对后世影响巨大，有人曾推崇"半部《论语》走天下"。

■风云往事 ▎

孔子出生在鲁国陬邑（今山东曲阜东南），他的祖先是宋国贵族，后来迁居至鲁国，成为鲁国人。孔子是其父叔梁纥与少女颜征在结合而生。据说其母在尼丘山向神明祷告后来生了孔子。孔子刚出生时头顶是凹下去的，像尼丘山，所以就给他取名丘，字仲尼。

孔子出生后不久，他的父亲就去世了，埋葬在防山。孔子随寡母颜征在迁到了颜族的居住地，生活较为艰苦，母子相依为命。坚强的母亲一直不愿提其父亲，也没告诉他父亲葬在哪里。但是鲁国非

▲ 宋马远《孔子像》

常重视礼仪，孔子小时候就经常摆起各种祭器，学做祭祀的礼仪动作。又过了几年，其母病死，孔子就把灵柩暂且停放在五父之衢，出于慎重没有立刻埋葬。后陬邑人輓父的母亲把孔子父亲的葬地告诉了孔子，孔子就把母亲迁到防山同父亲葬在一起。生活的艰苦和磨难并未熄灭孔子心中的追求，反倒铸就了他的好学和坚强。

孔子时刻牢记母亲的教诲，刻苦学习，并努力寻找机会施展自己的才能。当时诸侯的大夫每年都要举行"飨士"宴会。孔子腰间还系着孝麻带守丧时，曾自行前去参与季孙氏招待名士的宴会，但也没有受到热情接待。

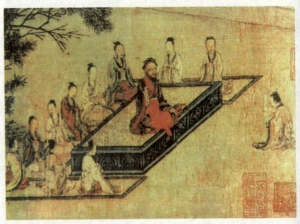

▲ 孔子讲学图

孔子 17 岁那一年，鲁国大夫孟釐子病危，临终前跟儿子懿子讲："孔子年少而好礼，是才德显达的人，将来我去世了，你一定要拜他为师。"孟釐子死后，孟懿子和鲁国人南宫敬叔便一起去孔子处学礼。

孔子虽家境贫穷，地位卑微，但他 15 岁立志求学，30 岁便学有所成。他虚心请教，不耻下问，曾言"三人行，必有吾师"。他身高九尺六寸，人们觉得他与一般人不一样，都称他为"长人"。为了生计，他曾先后担任过一些官职，为了宣传自己的政治主张，他不辞劳苦，周游列国，到处宣扬自己的学说和治国理论。

惟至圣先师孔子，道冠百王，功高万世。

——清·乾隆皇帝

公元前 515 年，孔子来到齐国，做了高昭子的家臣，想借高昭子的关系接近齐景公。后齐景公向孔子请教政事，认为孔子的学识非同一般，但是孔子却受到一些大臣的排挤，齐国的大夫中更是有人想加害他。景公也对孔子说："我已年老了，没法继续用你了。"于是，孔子只好离开了齐国，返回了鲁国。

公元前 509 年，鲁定公继位。鲁国逐渐出现大臣专权的局面。孔子对官场越来越失望，就回到家中，专心研究整理《诗》《书》《礼》《乐》等一些典籍，他门下的学生也越来越多，有很多是从很远的地方慕名而来的，虚心向孔子求教。

公元前 501 年，孔子认为自己已经达到了"知天命（即天道）"的境界，而且自己探索的治国之道却得不到施展，于是他应邀出任鲁国国都的中都宰。一年后，各地都仿效他的治理办法。孔子便从中都长官被提升为司空，后又从司空升迁为大司寇，还曾经"摄相事"（代理外交礼宾司），先后使鲁国从齐国收复了郓、灌、蒙三座城池。但是后来他想要推行改革并实现自己政治主张时，处处碰壁，劳而无功。迫不得已，公元前 497 年，孔子带着十几个弟子离开鲁国，开启了周游列国游说之路，希望有别的诸侯国能采纳他的施政主张。

孔子先来到了卫国，但是 10 个月后，却有小人进谗言诬陷他，他怕获罪而离开去往陈国。在今河南长垣县境内被匡人包围，只因其貌似曾经残害过匡人的阳虎，但身处险境的孔子坦然自若，他讲："上天并没有要消灭周代的这些礼乐，匡人又能把我怎么样呢！"后来他的随从去宁武子那里求救，才逃脱险境。

后来孔子又返回了卫国，但对卫灵公的所作所为感到厌恶，没过多久便离开了。孔子又曾到达曹国、宋国，不久后也被迫离开。

公元前 492 年，孔子到了郑国，在都城，孔子不幸与弟子走散，他独自一人站在外城的东门。有一郑国人看见了，后来对子贡说："在外城东门有一个人，他的额头长得像唐尧，脖子长得像皋陶，肩膀却像郑子产，但是自腰部以下却比禹短了三寸，没精打采的一副狼狈相，活脱脱像一条丧家犬。"子

仰惟先圣孔子，德冠古今，道隆参赞。作人伦之仪表，集群圣之大成。永念高山，钦崇至教。朕仰绍祖宗，缵承大统。

——清·康熙皇帝

▲ 唐吴道子绘孔子像

贡见到老师后，将原话一五一十地说给孔子听。孔子却很是开心地说："他对我相貌的形容未必准确，但是说我像条丧家犬却是非常准确，说得好！"

▲ 山东曲阜孔庙

公元前 489 年，孔子一行在陈、蔡之间被人围困，已无粮草，随行弟子也疲惫不堪，在此存亡危急之中，孔子依然讲诵，弦歌不绝。后孔子一行脱身前往了卫国，卫灵公年事已高，懒于处理政务，孔子依旧没得到重用。孔子无奈，只好离开。

孔子带领弟子历经卫、曹、宋、郑、陈、楚等国，于公元前 497～前 484 年间，他们四处游说达 14 年之久。虽然历经艰难，可还是没有人接受他的政治主张，最后只好返回故乡。

晚年的孔子在鲁国主要致力于文化教育事业，《诗》《书》《礼》《乐》《易》《春秋》大约都是孔门讲学的教材。他门下弟子 3000 人，非常优秀者有 72 人，但是受到他的教诲并没有入籍的弟子还有很多。孔子晚年喜欢钻研《周易》，他详细解释了《彖辞》《象辞》《卦》《文言》等。晚年的孔子不仅在实践他的教育思想，也在不断完善他所创立的理论学说。

▲ 圣迹图

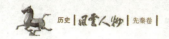

▲ 山东烟台铜铸孔子像

公元前479年四月，孔子去世。

孔子死后被埋葬在城北的泗水岸边，他的弟子们为他服丧三年。三年后，大家相互道别，相对而哭，有人还是不舍得离去。子贡在老师墓旁搭了一间小房住下，守墓满六年后才离去。他的弟子及鲁国其他人家，很多都将家迁到他的墓旁来居住，大约有上百家，后来人们将这里称为"孔里"。鲁国也世世代代相传，年年都要在同一时间到孔子墓前祭拜，而读书人也时时聚集在这里讲书习礼，或举行比射仪式等。

孔子故居的堂屋（北房）以及弟子们所居住过的内室，后来被改成了庙（即为孔庙），里面收藏了孔子生前穿过的衣服、戴过的帽子、用过的琴、车子、书籍等，一直到汉代，历经200多年都没有废弃。汉高祖刘邦经过此地时，曾用牛羊猪三牲祭祀孔子。诸侯、卿大夫、宰相赴任时，也大都是先到孔子墓地拜谒，再去赴职。

▲ 山东曲阜孔子墓地

■历史评价 ┃

孔子出身贫寒，却志向远大，勤于思考，不耻下问。他周游列国，躬行实践，将中华民族的文化和实践紧密结合，逐渐形成了一套完整的治国、求学、修身的理论体系。由于时代的局限，他的主张一直没有得到应有的重视，直到他潜心传道，惠及弟子，由弟子发扬光大，他的学说观点才逐渐得到世人推崇。孔子对后世的影响极大。百年后，汉武帝罢黜百家、独尊儒术，使儒学成为中国传统文化的主要组成部分。时至今日，孔子的儒学思想已传遍了全世界，成为中国传统文化的名片。他的许多观点，至今广为传诵，无人可超越。

■大事坐标 ┃

公元前 551 年	出生。
约公元前 522 年	创办私学。
公元前 499 年	被鲁定公封为大司寇。
公元前 497 年	开始了长达 14 年的周游列国历程。
公元前 484 年	回到鲁国。
公元前 479 年	去世，葬于鲁城北泗水边。

■关系图谱 ┃

墨家巨子

墨子

■名片春秋 I

墨子(约公元前 468～前 376),名翟,生活在春秋战国时期,墨家学派创始人,是历史上第一个代表下层劳动者利益的思想家。著有《墨子》一书。终其一生,都保持劳动者的本色,其所创立的墨家学派,在战国时期活跃一时,成为先秦时代唯一可以和儒家相抗衡的"世之显学",故有"非儒即墨"一说。

■风云往事 I

◇能工巧匠　兼爱非攻◇

墨子的生平事迹,留下的历史资料不多。从其著作《墨子》来看,他出身于社会下层。他平日言谈不离耕织、木工之事。在木工方面,他和当时的鲁班难分伯仲。《韩非子·外储说》记载,墨子亲手制作了一只木鸢,可以在天空飞行。他的学生对他非常崇拜,但他认为,自己制造车子的技术更高一筹:仅用咫尺之木,半天工夫即可做好车轴,载重量可达 30 石,且经久耐用。战国时期的惠施称赞其"墨

▲《墨子》书影

子大巧"。由此可以看出，墨子虽然出身下层，却是一名能工巧匠。

古代的匠人大都没有什么社会地位，文化程度也不高，墨子却例外。他生活在保存周礼最多又是儒学发源地的鲁国，再加上他聪明好学，因此取得了很大的成就。青年的时候，他主要学习儒家思想。据《吕氏春秋》记载："鲁惠公使宰让请郊庙之礼于天子。桓王使史角往，惠公止之，其后在鲁，墨子学焉。"《淮南子·要略》则记载了墨子向儒家学习的情形："墨子学儒者之业，受孔子之术，以为其礼烦扰而不悦，厚葬靡财而贫民，久服伤生而害事，故背周道而用夏政。"由于他对繁文礼节的厌恶，后来就摒弃儒家的立场，旗帜鲜明地打出批儒的口号，创建了墨家学派。他主张"节用""节葬""兼爱""非攻""尚同"，注重对老百姓利益的维护。

创立墨家学派之后，墨子渐渐地也不再从事体力劳动了，而是加入了士的行列，以游说诸侯、教育世人、匡救时弊为己任。在鲁国，他和鲁国人广泛接触，和文人、大夫探讨真理，积极参加社会活动。他接触到的人物既有鲁国国君，也有巫马子、公孟子等士大夫，同时还包括"冬陶夏耕"的乡野鄙人。

不过，墨子的活动范围并不局限于鲁国之内。为了宣传自己的主张，他和孔子一样带着弟子出游于各个国家。其一生的活动范围，被清代学者孙治让概括为："生于鲁而仕宋，其生平足迹所及，则尝北之齐，西使卫，又屡游楚，前至郢，后客鲁阳，复欲适越而未果。"广泛的交游，让墨子对当时的

▲ 山东滕州墨子纪念馆内墨子铜像

若使天下兼相爱，爱人若爱其身，犹有不孝者？
——《墨子》

不公平现象有了更深刻的认识，同时还吸收了不同地区的文化，进一步完善了其思想学说。墨子身后有了众多拥护者和追随者，其影响力也不断扩大，从而使墨家学派成为和儒家学派双峰并峙的"世之显学"。

◇为求和平　阻楚攻宋◇

在周游列国时，墨子不仅仅宣扬自己的政治主张，还积极地将自己的主张变成现实投入实践。在礼崩乐坏、杀伐不休的战国时代，墨子常常奔波于各个国家之间，劝说各国君王停止战争，少给百姓带来一些痛苦。他做出了许多义薄云天的壮举，其中最为精彩，也最为出名的是通过自己的行动，制止了一场楚国进攻宋国的战争。

楚国准备大举进军宋国，想要通过战争将宋国纳入自己势力范围。为了取得胜利，楚惠王就邀请当时著名的木匠公输班（鲁班）制造攻城用的云梯。墨子从弟子那里得到消息之后，决心阻止这场战争。当时他人尚在鲁国，于是不顾路途遥远，日夜兼程地赶往楚国。他赶了整整十天十夜的路，才到达楚都郢。连日的赶路，墨子的脚底都磨出了泡。

墨子先找到了公输班，对他说："北方有一个人侮辱我，你能不能帮我杀了他。"公输班非常惊讶，也很不高兴，就坚决拒绝。墨子便说："我愿意以千金作为酬谢。"公输班愤然曰："我一向都很讲究道义，绝不会无缘无故去杀人。"墨子见状，就反问道："我在北方听说你为楚王制造攻宋的云梯。请你告诉我，宋国有什么罪呢？楚国人少地多，再兴兵作战，牺牲掉这么多人去争夺本来就有余的土地，这样做很不明智。再者，去攻打无罪的国家，也不符合道义的要求。"

公输班自知理亏，但又好面子，就说："我已经

无言而不信，不德而不报，投我以桃，报之以李。

——《墨子》

答应了楚王，这事已经无法挽回了。"墨子就马上来到楚王宫，拜访楚王。

墨子对楚王说："如果有一个人放着豪华的车子不坐，放着精美的丝绸不穿，却总惦记着邻居家的破车，抢夺邻居家的糟糠，你觉得这个人怎么样？"楚王笑道："这个人一定犯了偷窃狂的毛病。"墨子就以此事为切入点，劝告楚王。他对楚王说，楚国和宋国相比，就像是锦衣肉食和粗布糟糠一样，如果攻打宋国，楚王就成了偷盗成瘾的人。楚王却不听劝，说："话虽不错，但公输班已经造好了云梯，我不能半途而废。"墨子就要求楚王让他和公输班比一下攻守的本领。墨子以衣带做城墙，用木片做机械。公输班先后使用了九种攻城方法，均以失败告终。公输般很懊恼，就说："我有办法对付你，但是我不说。"墨子说："我知道你想怎么对付我，我也不说。"楚王问其故，墨子说："他的意思是把我杀了，这样就没人帮助宋国守城了。但是，我的弟子禽滑釐等 300 人，已经拿着准备好的防御器械，在宋国帮助他们守城呢。"楚王无奈，就不计划攻宋了。

■历史评价 |

在百家争鸣的战国时期，墨子的学说非常有影响力，用韩非的话说就是："其在九流之中，惟儒与之相抗。"墨子学说在战国时代大放光彩，令其他学派黯然失色。同时，他的学说又对法家产生了重要的影响。比如墨家主张尚贤，提倡上下官民的平等，这和法家的"法不阿贵"是很相似的。故而，胡适指出："法家说的'法律之下，人人平等'的观念，得墨家的影响最大。"另外，墨子学说对齐鲁地带的尹文学派、许行学派、阴阳家等学说，也产生了很重要的影响。

▲ 韩非（约公元前280~前233），战国时期韩国人，法家学派主要代表

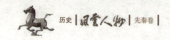

　　自从秦始皇统一中国后，墨家学说逐渐退出了政治历史舞台，但仍然有着非常深远的影响。这主要包括两个方面：第一，为历代农民起义提供了理论工具，比如陈胜的"帝王将相，宁有种乎"和墨家的"官无常贵而民无终贱"在思想上是相通的。太平天国运动提出的"有田同耕，有饭同食，有衣同穿，有钱同使，无处不均匀，无人不饱暖"的主张与墨家主张兼爱互利的"天必欲人相爱相利，而不欲人相恶相贼也"可以说是异曲同工。第二，对中国民间文化意义重大。墨家强调"言必信，行必果，使言行之合，犹合符节也，无言而不行也"，这种思想成为民间秘密结社组织的指导纲领，从而衍生出了讲义气、重承诺、赴汤蹈火在所不辞的侠义精神。第三，催生了近代的革命家和思想家。比如，革命的先行者孙中山就非常推重墨子，将其奉为"平等博爱"的中国宗师，在对三民主义的一系列论述中，墨子的思想也备受推崇。

　　■**关系图谱**┃

儒家的中流砥柱

孟子

■名片春秋 |

孟子(约公元前 372 ～ 前 289),名轲,字子舆,战国时期邹(今山东邹城东南)人,鲁国庆父后裔。战国时期著名思想家、教育家,儒家代表人物。著有《孟子》一书。孟子继承并发扬了孔子的思想,成为仅次于孔子的一代儒家宗师,被后世人尊称为"亚圣",与孔子合称为"孔孟"。

■风云往事 |

◇家境贫寒 孟母三迁◇

　　孟子的祖先是鲁国晚期煊赫一时的孟孙。孟孙是庆父的后代,而庆父则是鲁桓公三个有名的儿子之一,当时的老百姓说"庆父不死,鲁难未已",可以看出庆父在鲁国是何等飞扬跋扈。孟孙与叔孙、季孙齐名,并称"鲁国三桓",是鲁国晚期实际的执政者。三桓之中,季孙实力最强,也最有名。鲁国系周公旦的封国,因此,孟子应该是周公旦的后代,从本姓上来说,他和周天子同宗,都姓"姬"。

　　不过,祖先的荣耀对孟子而言却没有什么价值。

▲ 宋人绘《孟母教子图》

孟子出生时，家道已经中落。春秋末期的大混乱，让他们的家族不但失去了赫赫权势，最后连立足之地也失去了，因此他们不得不从鲁国迁到了邹国。孟子幼年的时候，家中的财富和地位早已消失殆尽，沦落到了"赁屋而居"的地步。

孟子出生没多久，他的父亲就去世了。孟子的母亲非常有志气，在其父死后独自一人承担着抚养他的责任，发誓不改嫁，一定要把孟子培养成人。起初母子二人住在墓地旁边。孟子和邻居的小孩常常学着大人跪拜、哭丧的样子，玩着办理丧事的游戏。孟母见状，思虑重重，她自忖："如果我的孩子长期住在这里，以后最多也不过是个乡间的司仪，我一定要换个地方住。"于是，她就带着孟子搬到了市集上，在一个屠宰场旁边住下。但是，孟子在这里却又和邻家小孩学起了商人做生意和屠宰猪羊的事。孟母非常失望，皱起了眉头："长期在这个地方待下去，我的儿子以后要么成为一个商人，要么成为一个屠夫。不行，我要搬到其他地方去。"于是，孟母带着孩子又搬家了。这一次，孟母将家安在了学校附近。每月农历初一的时候，官员到文庙，行礼跪拜，互相礼貌相待，孟子见了一一都学习记住。孟母很满意地点着头说："这才是我的儿子应该住的地方呀！"

▲ 孟母断机杼图

◇周游列国 著书立说◇

孟子跟着战国时期著名儒学大师子思学习。子思是孔子的孙子，因此，孟子可以说是孔子的再传弟子。孟子学成之后，与其他学派的人物一样，以士的身份游说诸侯，向各国的统治者宣传自己的思想，希望推行自己的政治主张。孟子一生，前后到过梁（魏）、齐、宋、滕、鲁等几个国家。但是，他的命运却和其祖师孔子一样，坎坷不平，政治理念得不到国君认同。这是因为，当时的几个大国都致力于富国强兵，争取通过战争的方式来实现统一。孟子的学说被各国诸侯视为"迂远而阔于事情"，因此，都不愿接受他的政治主张。

孟子晚年，自知在政治上已难成伟业，就放弃了周游列国，选择退居讲学，和他的弟子一起"序《诗》《书》，述仲尼之意，作《孟子》七篇"。《孟子》一书，就是在这个时候完成的。后来，《孟子》一书，被儒家弟子视为经典，在儒学成为"国学"之后，《孟子》也成了官员和士大夫们必读的作品。这本书详细记载了孟子周游各国的情形、和弟子探讨政治的言论，以及他本人的政治主张。《孟子》一书，不仅仅是研究孟子生平的重要历史资料，对于研究儒学也有重要意义。

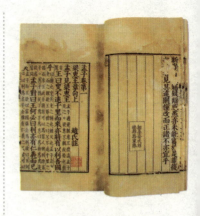

▲ 《孟子》清刻本

◇仁政理念　民贵君轻◇

孟子继承了孔子的德治思想和仁的理念，并将其发展为仁政学说，这也是他政治思想的核心。孟子的政治论，以仁政王道为主要内容，希望将"亲亲""长长"的原则运用于政治，来缓和统治者与被统治者的阶级矛盾，以此来维护统治者的利益。

孟子认为仁政是最理想的政治。如果统治者以此治国，定能得到老百姓的拥护；反之，若不顾人民的死活，无情地剥削，残酷地镇压，最终就会失去民心，难逃被推翻的下场。孟子的仁政不是一个空泛的概念，而是包括了经济、政治、教育及统一天下的途径等重要内容，在这些内容中，都贯穿着民本思想。

孟子认为，仁就是"人心"。什么才是仁呢？他归纳为几点：第一，亲民。提倡统治者要"与百姓同之""与民同乐"。第二，任用贤能之士。第三，在一定范围内调和统治者与被统治者之间的矛盾。第四，有同情心，要求统治者懂得"老吾老以及人之老，幼吾幼以及人之幼"。第五，杀无道者。换言之，就是主张汤武革命，反抗残暴的统治者。

孟子从"仁政"出发，创立了一套以"井田"为模式的理想经济模式。宣传"省刑罚、薄税敛""不违农时"等主张。要求统治者在征收赋税的同时，应该重视生产、发展生产，让人民富足起来，只有这样才能为国家的发展奠定经济基础。这种思想，对后世影响深远，后代开明的统治者无一不在执行孟子的观念。孟子"井田制"的理想，虽然没有实现，但是对后世确立限制土地兼并，缓和社会矛盾有着非常深远的影响和指导意义。

孟子公开宣扬"民为贵、社稷次之、君为轻"的思想。他认为，从天下国家的立场来看，民是基础，是根本，民比君更加重要。这是孟子仁政学说的核心，具有民本主义色彩，对中国后世的思想家有极大的影响。后来大多数帝王都对这一思想十分肯定。比如，汉高祖认同的"王者以民人为天"，隋炀帝标榜"非天下以奉一人，乃一人以主天下"，唐太宗论证的"君依于国，国依于民"等，都是对这一思想的继承和发展。孟子是儒家最主要的代表人物之一，《汉书·楚元王传赞》说："自孔子殁，缀文之士众矣。唯孟轲……博物洽闻，通达古今，其言有补于世。"自中唐时始，入学弟子就将孟子列为先秦儒家中唯一继承孔子"道统"的人物。从宋朝之后，孟子地位日隆，1071年，《孟子》一书首次被列入科举考试科目之中。1083年，孟子首次被官方追封为"邹国公"，翌年被批准配享孔庙。以后《孟子》一书升格为儒家经典，南宋朱熹又把《孟子》与《论语》《大学》《中庸》合为"四书"，其实际地位更在"五经"之上。元顺帝时，孟子被加封为"亚圣公"，被世人称为"亚圣"，地位仅次于孔子。孟子成为了仅次于孔子的儒学大师。

▲ 山东邹城孟子亚圣庙

■历史评价 |

　　孟子是中国古代著名思想家、教育家、政治家、政论家和散文家。他继承并发扬了孔子的思想。其著作《孟子》一书，是儒家学说的经典著作之一，是后世历代帝王治国的"教科书"。孟子的文章，说理畅达，气势充沛并擅长论辩，逻辑严密，尖锐机智，是传统散文中的高峰。

■大事坐标 |

约公元前 372 年	出生。
公元前 332 年	至邹国，答邹穆公问。
公元前 330 年	至任国，拜访季任。
公元前 329 年	首次至齐。
公元前 327 年	至宋。
公元前 320 年	见梁惠王。
公元前 317 年	见梁襄王。
公元前 312 年	在齐论"臣视君如寇仇"，辞官离开。
公元前 289 年	卒。

■关系图谱 |

孟子

师徒

子思

天地大道　逍遥人生

庄子

■名片春秋

庄子（约公元前 369 ～ 前 286，一说前 275），宋国蒙（今河南商丘东北）人。战国时期的思想家、哲学家、文学家，道家学说的主要代表人物。与道家始祖老子并称为"老庄"，两人的哲学思想体系，被后人尊为"老庄哲学"，然就文采来说，庄子远胜老子。代表作《庄子》被尊崇者演绎出多种版本，名篇有《逍遥游》《齐物论》等。

■风云往事

◇贵族之后　淡薄仕途◇

庄子的祖先是楚庄王的后裔。不过，到了庄子这一代，已经和贵族不再有任何关系了。由于楚国内部政治斗争，庄子的父亲被迫逃到了宋国蒙。约公元前 369 年，庄子出生。贫寒的家境遭遇让他较早地体会到了人间的冷暖，同时也产生了一种反抗的意识。

庄子自幼就对常常思考人类存在、社会规范、自然奥秘等人类面对的亘古困境，对此也有着自己

不知周之梦为胡蝶与？胡蝶之梦为周与？周与胡蝶则必有分矣。此之谓物化。
——《庄子》

160

的看法。但是，这些看法对其生活现状的改变并没有多大帮助。为了填饱肚子，他依然出外谋生。一个逃亡在外的破落贵族既没有什么丰厚的家产，也没有土地，他只能靠手工谋生。庄子是一个心灵手巧的人，他能够织出相当精细的草鞋，可以做出当时堪称一流的漆器，并对木工、陶工、屠宰、洗染等几乎所有的手工业都十分精通。不过，司马迁记载"周尝为蒙漆园吏"，可以得知其从事的"正当职业"应该是管理漆器作坊的小官吏。这一经历让他对各种物质的属性一定会有较为深刻的认识和体验，并通过这种体验进入了"直观体道""道不可言"的精神非凡境界和哲学境界。

◇粪土诸侯 终身不仕◇

庄子对人生有着独特而又深刻的理解，有着非凡的世界观和价值观，对于权势、金钱、名利他通常是不屑的。楚威王听说庄子很有才华，就派大臣庆子带着贵重的礼物去拜访他，劝他去楚国做官。庆子见到庄子之后，开门见山地说："如果您愿意出山做事，大王就会让您来做楚国的宰相。"庄子不为所动，笑着对庆子说："您带来了一千两金子来找我，礼不可谓不重，许诺让我做楚国的宰相，对我也不可谓不薄，不过我对这些事并没有兴趣。您身为大臣，应该见过国君祭祀作为牺牲的牛吧。这头牛用上好的饲料养了很多年，祭祀的时候还披上了彩色的锦绣绫罗，不可谓不风光。但是，最后它还是成了刀下鬼。当它被牵入太庙的那一刻，恐怕就一点也不觉得风光了。如果让它选择的话，他宁愿跑到野地里去啃干草也不愿意享受这份荣耀，但这一切都晚了。请您还是早些回去吧，不要再拿出仕做官这样的事来烦我了。我宁愿像一条泥鳅一样自由自在地在污泥中玩耍，也不愿意被君王所用，让他们

▲ 司马迁（公元前145或公元前135~？），字子长，西汉史学家、文学家，被后人尊称为"史圣"。他创作了中国第一部纪传体通史《史记》

▲ 山东东明庄子雕像

用宰相的枷锁把我限制起来。"

庄子有一个朋友叫惠施，做了魏国的国相。有一次，庄子来到魏国，很多人认为他是来和惠施争夺相位来的，惠施也十分担心。惠施知道，庄子的才能十倍于己，如果让魏王看中了，国相的位子肯定不是他惠施的了。于是，他决定阻止庄子见魏王，就差人找到庄子的住处，旁敲侧击要求他离开。庄子知道后，就来到惠施府上，给他讲了一个故事："南方有一只凤鸟，非校楝食不吃，非醴泉不饮。有一天，凤鸟飞向北方，看到地上有一只老鹰正在抓一只死老鼠吃。老鹰抬头看到凤鸟，吓得出了一身冷汗，赶紧将死老鼠藏在身子下面，唯恐被凤鸟看见。你这么怕我抢你的相位，岂不是和那个老鹰一样吗？"惠施被说得面红耳赤而又敬佩不已，非常惭愧。

◇ **参透生死　篇章传世** ◇

绝大部分人都非常恐惧死亡，但庄子却认为死也不过如此，反而是另外一种生存状态。因此，他对生死看得比较淡。庄子的妻子死了，惠施前去悼念，发现庄子坐在地上敲着瓦盆唱歌，看不出丝毫悲伤，就责怪他说："你的妻子和你生活了一辈子，为你生儿育女，辛苦操劳，如今她去世了，你不哭倒也罢了，为什么还要在这里唱歌呢？"庄子回答说："她刚去世时，我非常悲痛，但现在却明白了，人本来就没有形体，不但没有形体，也没有形体的物质元素'气'，气原是冥冥之中的一个物质，后来变化为气，然后又变化为形，最后又变化为了生命。如今她又由生转化到了死，这与春夏秋冬的四季更替没什么不同吗？

▲ 庄子鼓盆而歌图

她的尸体仍在天地之间，而我却痛哭流涕，我认为这样做才不正常，因此我就没有这样做。"

在庄子看来，世间的万事万物，都是由"气"构成的，人也是这样。"人之生，气之聚也；聚则为生，散则为死"。正因为他相信这样一种"通天下一气"的理念，就对死亡自然抱着一份豁达乐观的态度。庄子死前，他的弟子们准备厚葬他。庄子知道后，及时地劝阻了他们，说道："我死了之后，大地就是棺椁，日月就是连璧，星辰就是珠宝玉器，天地万物都是我的陪葬品。难道我的葬具还不丰富吗？你们又何必多此一举来给我增加殉葬品呢？"有一位弟子解释说："先生，我们这样做是为了您好啊，如果按您说的去做，恐怕您就会被乌鸦老鹰给吃了。"庄子反驳说："这就更没道理了，把我扔在野地里，你们怕老鹰吃了我，那么，埋到地下就安全了吗？难道你们就不怕蚂蚁吃了我吗？你们这样做是把我从乌鸦老鹰的嘴里抢走送给蚂蚁，这有什么不同？"弟子无奈，只好答应了他的要求。

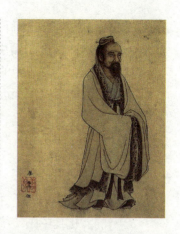

▲ 庄子画像

◇文采飞扬　汪洋恣肆◇

《庄子》(又称《南华经》)这部著作在中国文学史上占有非常重要的地位。其著作言如行云流水，汪洋恣肆，跌宕跳跃，节奏鲜明，音调和谐，具有诗歌语言的特点。其作也被列为千古奇书，令人百读不厌。有人称它为"语言跟着思想情感走，你不肯用俗滥的语言，自然也就不肯用俗滥的思想感情，你遇事就会朝深一层去想，你的文章也就真正是作出来的，不至于落于下乘"。《庄子》一书是一部文艺作品，更是一部哲学作品。

但是，在这本书中，他并没有讲述太多的道理，而是更多将道理藏于寓言故事之中。庄子在其书中自称其创作方法是"以卮言为曼衍，以重言为真，以寓言为广"。这些寓言看似是信手拈来的东西，实

鹏之背，不知其几千里也，怒而飞，其翼若垂天之云。
——《庄子·逍遥游》

163

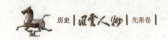

际上却构思奇特，含蓄蕴藉，极具说服力。庄子用其超乎想象的虚构和异乎寻常的夸饰比喻手法，令人在他编制的诡奇世界中，忘乎所以，惊叹不绝。庄子文艺思想中的这种浪漫主义特色，对我国古代诗歌、小说以及戏曲的浪漫情调都有极深远的影响。我国历史上著名的浪漫主义诗人屈原、李白等人都深受其影响，一些戏剧家也常从《庄子》一书中汲取营养。

■历史评价 |

庄子与老子并称，分列道家学派的两座山峰。庄子倡导的"逍遥游"式的文化是中国传统文化重要的组成部分，其本质就是自由的追求天性。

■关系图谱 |

流放千里　以身殉国

屈 原

■名片春秋 ｜

屈原（约公元前 339 ~ 约前 278），芈姓，屈氏，名平，字原；又自云名正则，字灵均。楚国丹阳（今湖北宜昌境内）人，楚武王熊通之子屈瑕的后代，战国时期楚国贵族。中国古代政治家、爱国主义的诗人。青年时期辅佐楚怀王，内改弊政，外连强齐，受怀王信任。后被子兰、靳尚等人排挤而去职，长期流放于沅湘流域。公元前 278 年，秦将白起攻灭郢都，屈原悲痛不已，投江自尽，为后世留下千古《离骚》。

■风云往事 ｜

◇联齐抗秦　多有功劳◇

　　战国时期，群雄逐鹿中原，纷争之间，天下渐渐地形成了"横则秦雄，纵则楚兴"的局面。屈原就在这样的时代诞生了，他自幼聪明好学，胸怀大志，楚威王得知其才，就命其做了太子熊槐的伴读。

　　公元前 328 年，楚威王死，太子熊槐继位，是为楚怀王。楚怀王登位后，封屈原为左徒，命其掌管国家内务。屈原肩负重任，信心满满，决定做一

左徒

周朝楚国特有官名。战国时楚国设置。入内参与议论国政，发布号令，出则接待宾客。

▲ 湖北宜昌秭归屈原立像

令尹

春秋战国时期楚国的最高官衔。掌握政治事务，发号施令的最高官。对内主持国事，对外主持战争，总揽军政大权于一身。

大(dà)夫

古代官名。西周以后先秦诸侯国中，在国君之下有卿、大夫、士三级。大夫世袭，有封地。后世遂以大夫为一般官职之称。秦汉以后，中央要职有御史大夫，备顾问者有谏议大夫、中大夫、光禄大夫等。至唐宋尚有御史大夫及谏议大夫之官，至明清废。隋唐以后以大夫为高级官阶之称号。清朝高级文职官阶称大夫，武职则称将军。

个吴起式的贤臣。于是，他针对国家现状，草拟了一些变革条款，准备来日实施。

不久，楚国边境告急，秦军来犯，屈原向楚怀王建议联合齐国，共同对抗秦国。楚怀王就命屈原出使齐国，商议联盟事宜。

屈原带着厚礼去齐国，见到了齐国君王齐宣王。齐宣王在与屈原交谈的过程中，发现屈原说话思路清晰，言辞铿锵有力，句句直指要害，心中佩服不已，羡慕楚国有此大才，遂决定与楚国联盟，共同抵抗秦国。

楚军与秦军在今河南郑州展开激战，齐宣王说话算数，派出大军袭击秦军，秦军大败，齐楚联军大获全胜。

楚国位于江汉下游，秦国位于关中高地，从地势上讲，楚国处于被动地位，从民风上讲，楚人儒雅，秦人彪悍，万一打起仗来，从各个方面分析楚国都处在下风。楚国与秦国交战多年，几乎没胜利过，今日突然取得重大胜利，楚怀王高兴得手舞足蹈，对促成齐楚联盟的功臣赞不绝口，并对大臣们说："左徒大人实在了不起，一人就胜过千军万马。"

然而，屈原的得势却惹得楚国令尹子兰、上官大夫靳尚等人的嫉妒，这些人常在怀王面前说屈原的坏话。在古代社会，小人的力量不可忽视，尤其是身居高位的小人，更是惹不得，他们在帝王面前的一句话，就可能改变一些人的命运。楚怀王经常听这些人说屈原的坏话，慢慢地开始疏远屈原。

秦王想吞并天下，碍于齐楚联盟所阻，心中十分着急。这时，秦相张仪向秦王说道："我王不必着急，臣愿做使者赶往楚国，让他们联盟不成。"

公元前313年，秦王让张仪携带重金前往楚国。张仪赶到楚国后，并没有先去拜访楚怀王，而是去见了令尹子兰。他对子兰说："我早就知道你与屈原不和，现在有一条妙计可以除去屈原，你愿意听吗？"子兰当然愿意，便催促张仪说来。张仪说："屈原之所以受到楚王信任，就是因为促成了齐楚联盟，如果拆散齐楚联盟，屈原就失势了。"子兰深以为然，决定利用此事，将屈原赶出朝堂。

几天后，张仪去宫中拜见楚怀王，对其说道："我王从来没想过要攻打贵国，贵国却联合齐国攻打我国，实在让人失望，幸好我王仁义，派我前来与贵国和好，只要贵国能与齐国决裂，我王愿将商、於600里土地献与贵国。"

▲ 湖北宜昌秭归屈原出生地

楚怀王听了张仪的话，认为自己不费一兵一卒，就能获得600里沃土，心有所动。这时，屈原向楚怀王进谏："大王万万不可答应，这其中肯定有诈……"可还没等他说完，令尹子兰就向楚怀王说："臣听说左徒大人曾向张仪索要钱财，张仪却没答应。今天左徒大人反对此事，其中必有蹊跷。"楚怀王目光望向张仪，张仪见机说道："确有此事。"楚怀王怒，命武士将屈原赶了出去。

之后，张仪唱着小曲回国去了，楚怀王为表示与齐国决裂之心，派使者到齐国，大骂齐宣王，齐宣王刚刚尝到联盟的甜头，没想到楚国竟然这般说辞，不由大怒，囚禁了楚国使者。至此，齐楚两国决裂。

不久，楚怀王派使者到秦国，索取先前说好的商、於600里土地。张仪却佯装生病，直到三个月后，才出门给楚国使者拿出一张地图，对楚使说："我大秦向来说话算数，从这里到那里，6里土地全部归你国所有。"楚使大惊，问道："不是说好

▲ 清萧云从绘《离骚图》

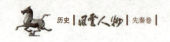
三闾大夫

战国时楚国特设的官职，是主持宗庙祭祀，兼管王族屈、景、昭三大姓子弟教育的闲差事。掌管三大姓的宗族事务之官。屈原贬后任此职。

世既莫吾知兮，人心不可谓兮。
——屈原《怀沙》

的 600 里土地吗？怎么变成 6 里了呢？"张仪听后，耍无赖说："我之前明明说的是 6 里，莫非是你们君王听错了？"说完，扬长而去。

楚使回到国内，向楚怀王陈明此事，楚怀王大怒，命大军攻打秦国，可是，失去齐楚联盟的楚国如断了翅膀的鸟，不但没有要回 600 里土地，还失去了汉中等地。

直到此时，楚怀王才想起了屈原，就把屈原请到大殿，重新任命屈原为左徒，让其再次出使齐国，并发誓再也不会出现类似之前的事情。

屈原听从命令，一路向东北，舟车劳顿数日，赶到了齐国，向齐宣王说了一番好话，齐宣王很有远见，不计前嫌，同意与楚国修好。

屈原出使齐国成功，受到楚怀王的嘉奖。子兰等人又坐不住了，他们向楚怀王说："屈原时常作诗，许多诗句在说大王的不是。"楚怀王听信了子兰的话，再次除去屈原左徒之位，改命为三闾大夫，命其去汉北蛮荒之地任职。

秦国张仪得知楚怀王赶走屈原后，觉得机不可失，再次出使楚国。楚怀王见到张仪，恨不得食其皮肉，子兰却向他说："如今秦国势大，大王如果杀死张仪，可能会招来百万秦兵。"楚怀王害怕了，就把张仪请到宫中，好酒好菜好招待，酒过三巡，张仪对楚怀王说："我此次前来，是奉秦王之命与贵国和好，我王愿与您结为亲家，从此永不相背。"

楚王又相信张仪的话，与秦国通婚。韩、赵、魏、燕等国见楚国与秦国如此亲热，也就慢慢疏远楚国，齐宣王听闻，大为恼火，与楚国决裂。

◇被贬蛮荒　投江自尽◇

秦王见离间齐楚联盟的目的已达到，就开始向楚国用兵，其他诸侯国作壁上观。楚军不敌，向秦国求和，秦王便约楚怀王到武关商谈议和之事。

远在汉北的屈原听说此事，急忙赶回郢都，劝诫楚王切不可去。楚怀王却有所犹豫，历史曾载："楚怀王见秦王书，患之。欲往，恐见欺，无往，恐秦怒。"就在这时，令尹子兰，也就是楚怀王的儿子，竟然劝楚怀王前去，怂恿自己的父亲去送死。

楚怀王心想："我的儿子肯定不会害我。"于是，带了些使者赶到武关，可刚进入武关，就被秦将白起关入囚车，送往咸阳。

楚怀王十分后悔，他被押到咸阳后，因怕秦王借此要挟楚国，就咬舌自尽了。楚怀王优柔寡断了一辈子，临终总算有了几分君王的果敢。

楚怀王的死讯传来，楚人悲痛万分，屈原更是泪眼婆娑，但这却合了某些人的意，如子兰、郑袖之流。公元前298年，太子熊横登位，是为顷襄王。屈原擦干泪眼，向顷襄王建议恢复齐楚联盟，并自荐去说服齐宣王。可惜顷襄王不敢对抗秦国，外加令尹子兰在旁吹风，不但拒绝了屈原的建议，还将屈原流放到陵阳。

屈原在陵阳一住就是九年，他时常能听到楚国打败仗的消息，心中抑郁，爱国的火焰熊熊燃烧，他真想重新回到郢都，可惜这一切都不可能了，如今他只不过是一个被流放的罪人。

满腔的惆怅，满腹的忧愤，渐渐化成一句句铿锵的诗句，出现在屈原的笔下。《离骚》这部伟大的文学作品就是他在此期间写的。公元前278年，秦将白起率兵攻入楚国郢都，捣毁了楚国宗庙，屈原听到消息后，如晴天霹雳，他一下子就变得精神恍惚起来，踉踉跄跄地向外走去。不知过了多久，他来到了汨罗江边，整个人憔悴不堪，面无血色。

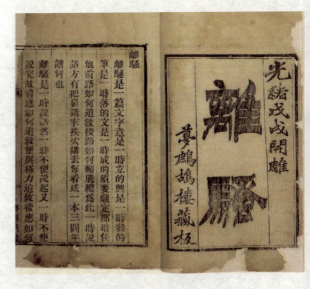

▲《离骚》书影

路漫漫其修远兮，
吾将上下而求索。
——屈原《离骚》

▲ 端午节赛龙舟、吃粽子

端午节的来历

端午节为每年农历五月初五，又称午日节、五月节、夏五、重五等。端午节是我国汉族人民纪念屈原的传统节日。端午节有吃粽子、赛龙舟、喝雄黄酒等习俗。

这时，渔父走到他面前问道："这不是三闾大夫吗？怎么变成了现在这般模样？"屈原答："世界都肮脏了，独我是干净的，世人都醉了，独我是清醒的，所以才会这般模样。"

渔父说："世上的人都肮脏，为什么不搅混泥水扬起浊波？所有天下人都非常昏庸沉醉，你为什么不跟着饮酒享乐呢？为什么要想得这么多，何苦自命清高，导致落了个放逐的下场？"

屈原说："我听说人洗完头发要弹冠，沐浴后要抖抖衣服，怎么可以使清洁的身子沾上污尘呢？我宁愿跳进江中，死于鱼腹，也不要蒙上污尘。"

渔父微微一笑，高唱道："沧浪之水清又清，可以洗我帽；沧浪子水浊又浊，可以洗我脚。"唱罢，就走了。

屈原看了看渔父远去的背影，随后投入滚滚江水之中，与楚荆大地永远地合为一体。

■ **历史评价** ■

屈原虽死，但他的爱国精神长存。屈原在中国历史上的地位越来越高，无数人敬仰他的为人，崇拜他的作品。其《离骚》通过大量比喻和丰富的想象，倾诉了屈原对楚国命运的担心，表现了积极的浪漫主义精神，并开创了中国文学史上的"骚"体诗歌形式，对后世影响深远。

可以说他与孔子一样，是我国文化艺术的开山之人。同时，他又是一代忠臣。中国五千年的文明史不能没有屈原，中国灿烂的文学史更少不了屈原。后人在每年的农历五月初五都会以向江中投粽子及举行龙舟比赛的形式来纪念这位伟人。

■大事坐标｜

公元前 339 年　　出生。
公元前 328 年　　被楚怀王任命为左徒。
公元前 299 年　　劝楚怀王不要前往武关赴约，楚怀王不听，赶到武关后，被秦将白起抓获，押往咸阳。
约公元前 278 年｜楚国都城被秦军攻陷，屈原投江自尽。

■关系图谱｜

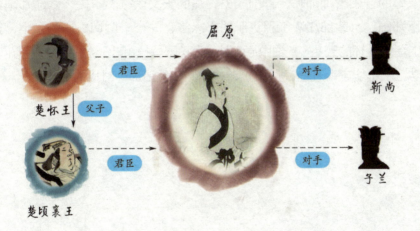

第四编

科技巨匠谱新篇

　　一个国家的发展，离不开科技，只有科技进步了，国家才会走向繁荣富强。一个民族的发展，更需要科技这一重大助力。回望历史，我们无比自豪，早在先秦时代，充满智慧的华夏族人，已经开始了科技探索，先后在木工、酿酒、医学、音乐、天文、水利等方面取得了重大进步。时至今日，这些科技成果一直影响着我们。

　　回望历史，一个个具有代表性的人物出现在面前，留下了诸多耳熟能详的故事。木工始祖鲁班，千年飘香的酿酒师祖杜康，医行天下的神医扁鹊，德艺双馨的音乐大师师旷，首创天象辉煌的天文学家石申夫，修建郑国渠的功臣郑国，永载都江堰工程史册的李冰等，一个个彪炳史册的名字，犹如天上熠熠生辉的繁星，光耀中原大地，为我国科技事业照亮了发展的方向。科技功臣永不能忘，且让我们试着走进他们，重温那个时代的科技光芒。

古代的土木工程师

鲁班

■名片春秋 |

鲁班（生卒年不详），姬姓，公输氏，名班，又称公输盘、班输，又称鲁盘或鲁般，因生于春秋时期的鲁国，又被称为鲁班。今山东滕州人。在工具、机械、建筑等方面有着多项创造发明，是中国古代历史上优秀的土木工程师和杰出的发明家。几千年来，被人视为建筑工匠的祖师爷，受到后人崇敬。

■风云往事 |

◇木工始祖　生前传说◇

　　鲁班出身于木匠世家，受家庭影响，自幼酷爱从事手工工艺、机械制造、土木建筑等活动。少年时期，外出求师，拜入终南山木工老祖门下，钻研木工工艺。经过数年的勤奋好学，他学到了师傅的全部技艺，成为当地小有名气的能工巧匠。

　　后鲁班离开鲁国，到楚国游历，受到楚王盛情款待，便留在楚国，为楚国军队制造兵器。不久，楚王欲率兵攻打宋国，鲁班为军队制造出强攻城池的云梯，但楚宋两国军队最终并未开战。据说战前墨

终南山

又名太乙山、地肺山、中南山、周南山，简称南山，是秦岭山脉的一段，西起陕西省宝鸡市眉县，东至西安市蓝田县，素有"仙都""洞天之冠"和"天下第一福地"的美称。

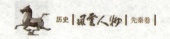

子赶到楚国设法劝阻。墨子主张应该制造实用的生产工具，来造福百姓，而不是为战争制造利器。之后，鲁班接受了墨子思想，全身心地投入到机械、木工等实用技术上，创造发明了很多新奇实用的生产工具，为后世留下了动人的传说。

传说锯子就是鲁班发明的。有一段时间，鲁班奉命建造一座宫殿。因建造宫殿需要大量木料，鲁班就让徒弟们上山伐木。但因缺乏工具，他的徒弟们只能用斧头砍，工作效率极为低下，一天下来，也砍不了多少树木，根本满足不了建造宫殿的需求。工程进度越来越慢，眼看就要到达完工期限，鲁班十分着急。为此，鲁班亲自到山上砍伐树木。上山的路很难走，鲁班的手掌无意间碰到了一种野草，瞬间被划出一道口子。鲁班感觉很奇怪，什么小草能如此锋利？于是，他就摘下来一片叶子仔细观看，发现叶子呈齿轮状，将手放上去，就能感到齿轮的锋利。看到此处，他不由灵机一动，要是能把砍伐树木的工具做成锯齿状，伐木效率肯定会大大提高。

鲁班先是找来一些毛竹，将其做成带有锯齿的竹片，然后对着树木来回拉动，树干很快就出现了一道深沟。可

▲ 锯子

是竹片过软，缺乏硬度，根本不能长时间使用，拉上一会儿，锯齿就会变钝，甚至被拉断，需要再次更换竹片。这样不仅浪费竹片，效率反而大大下降，鲁班考虑应该找一些硬度极高的材料来取代竹片。他思来想去，想到了铁片。于是立即带着徒弟们下山，请铁匠帮忙制作带有锯齿的铁片，制作完成后，带进山里进行实验，果然比竹片好用多了，在锯片的一来一往中，树木纷纷倒下，砍伐树木的效率得到极大提高，鲁班凭着这一工具按期完成了修建宫殿的任务，后来人们称这种带有锯齿的工具为锯子。

发明锯之后，鲁班又发明了不少木工工具，史书上对此曾有很多记载。鲁班长期从事木工实践，经常与木头打交道，渐渐地发现了一些可以改进的技术问题。如怎样使粗糙的木板变得光滑又平整呢？在此之前，这个问题一直都没有很好的解决办法，极大地影响了木工技术的提高。为此，鲁班实验多次，终于创造发明了刨子。有了这种工具之后，不但把木头弄得平整了，还把木头弄得非常光滑，为当时木工技术的发展提供了帮助。另外，鲁班还发明了铲、钻、凿子、墨斗、曲尺等工具。其中，曲尺更是被命名为"鲁班尺"，对当时木工工具的发展有着极其重大的影响。

▲ 刨子

◇关系民生　万民敬仰◇

据说，石磨也是由鲁班发明的。人类迈入农业社会之后，除了终日耕种在田野之间，还要花费时间来剥除谷壳，这是一项非常繁琐的劳动。人们为了提高劳动效率，经过了长期的探索，学会用石头将谷物压碎或者碾碎。后来又发明了一种叫"杵臼"的工具，专门用来碾米。这种工具由两部分构成：一部分叫作"臼"，是在石头上凿出的一个圆坑；一部分叫作"杵"，用木头做成了律枪。劳动中先要将米放入臼中，然后用杵敲打。虽然这种工具较以前用石头直接砸碾谷物而言已经取得很大进步，但还是有很多的缺陷，如每次舂出的谷物很少，使用时也非常费力，时间一长，人就会累得腰酸背疼。因此，人们一直想以一种轻松的工具将其代替。

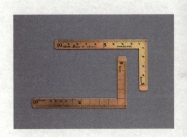

▲ 曲尺

为了帮百姓解决这一难题，他白天到百姓的生活实践中观察，晚上在灯下静静思考，寻找解决的办法。后来，鲁班经过一番努力，发明了一种简单实用的磨粉工具。他在两块比较硬的石头上凿上浅槽，然后将两块石头合在一起，进而用人或畜力拉动石磨，石磨转动几圈之后，谷麦就会变成粉末了。这就是流传千年的石磨。石磨的出现，是我国粮食

▲ 水磨

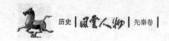

公输子削竹木以为鹊，成而飞
之，三日不下。
——《墨子》

加工工具的一次重大改革，它将"杵臼"的上下运动改为四围旋转运动，并用畜力代替了人力，不但减轻了百姓的负担，还提高了劳动效率。此后，将谷麦磨成粉末不再是一项繁琐的劳动，而成了日常生活中一种非常简单的操作，对改善百姓的生活起到了促进作用。

在机械制作方面，鲁班也有着非同凡响的造诣。很多机械装置都源于他的发明创造，如改进古代的锁具。锁具在春秋以前就出现了，其形如鱼状，构造相对简单，安全性极差。鲁班经过仔细研究后，改变了锁的形状和结构，将锁的机关设在里面，人只有用钥匙才能将锁打开，从而使锁具有了安全性和实用性。他还用竹子制作过木鸟，风起时，木鸟能借势飞上天空，一直飞很久才降落，木鸟的故事史书上多有记载。他还制作过木车马，其内装置多种机关，人按动机关后，木车马就会自动前行，这种工具一直被使用到汉代。汉朝之后，出现了一大批能工巧匠，如三国时的马钧、唐朝的马侍封等，他们都受到过鲁班制造木车马的影响，潜心研究，进而研究出了更为神奇的木车马。

鲁班在兵器制作方面也取得了较大成绩。春秋时期，各国之间多有战乱发生。钩和梯则成为各国交战中的两大利器。鲁班从钩子中受到启发，发明了用于水战的"钩强"。楚国与越国在水中交战时，曾使用"钩强"。当越军船只后退时，楚军的"钩强"就会钩住越军的船只，当越军船只靠近时，楚军的"钩强"就会对其船形成阻挡，这种远可攻、近可守的工具深受南方国家的喜欢。鲁班还将梯改造成为可以凌空而立的云梯，以其用来攻城，起到了事半功倍的效果。

史书中曾记载，鲁班在石头上刻制过"九州图"，这应是中国最早的石刻地图。《列子·新论》中曾记载了鲁班雕刻凤凰的故事。相传有一天，鲁班在石头上雕刻出一只凤凰，在没有完工时，很多人都嘲笑他，说鲁班雕刻的根本不是凤凰，简直就是一头牛，或者是一头猪。鲁班听后也不生气，他继续雕刻，用了没有多长时间，一只栩栩如生、形象逼真的凤凰就出现在人们面前，那些嘲笑鲁班的人个个目瞪口呆，他们对于自己给别人妄加评论的行为十分后悔，并向鲁班道歉。

一个成功男人的背后，离不开一个伟大的女人。鲁班的妻子也是一位木工好手，相传伞就是她发明的。在楚国时，天经常会降下大雨，鲁班与百姓们却不能因为下雨而停止工作，鲁班的妻子看到丈夫挨淋，心疼不已，便想要为丈夫解决这一难题。她经过一番思索，发明了伞，让鲁班出门时带上，这样一来，下雨天，鲁班也就不会再挨雨淋。后来，百姓们发现了伞的好处，于是也撑起了伞来遮雨。久而久之，伞已经成为人们日常生活中不可缺少的工具。

■历史评价 ┃

鲁班发明创造的故事，在民间流传了千百余年。虽然这些故事不一定全部真实，但也足以证明鲁班的才能，充分表达了人们对发明家鲁班的敬仰之情。渐渐地，鲁班的故事被神化，鲁班也成为中国劳动人民勤劳智慧的象征。

■关系图谱 ┃

看病断生死的神医

扁鹊

■ 名片春秋 ┃

扁鹊（生卒年不详），姬姓，秦氏，名缓，字越人，齐国渤海郡郑（今河北任丘）人。战国时期著名的医学家，先秦医学家中的杰出代表，中国传统医学的鼻祖。年轻时，周游列国，救治了无数身患重病的百姓，被百姓们尊称为"扁鹊"。后因救治秦武王遭人嫉妒，被迫害致死。

■ 风云往事 ┃

◇医术高超 声名远扬◇

▲ 扁鹊画像

扁鹊少年时期曾做过旅店店主，他的旅店据说有位旅客常来居住，他就是长桑君。扁鹊与长桑君交往一段时间后，长桑君对他说："我是一个医生，知道当世很多失传已久的医学秘方，如今我老了，想把这些秘方传给你，希望你能好好继承下去，希望你能愿意。"扁鹊大喜，便拜长桑君为师，开始学习医术，通过刻苦钻研，很快就成了一位远近闻名的医道圣手。

年轻人都好远游，扁鹊也不例外。几年后，长桑君去世，扁鹊将店铺转让，开始周游列国。一天，他来到齐国都城临淄（今山东淄博临淄区），齐国的齐桓侯知道他医术高明，请他入宫。他与齐桓侯见面后，发现齐桓侯面色有些苍白，便对齐桓侯说："大王有病，病在肌肤，应赶快救治，要不然就很难治疗了。"齐桓侯毫不在意地说："先生多虑了，我健康得很。"扁鹊见齐桓侯不听

▲ 河南汤阴扁鹊庙内扁鹊雕像

劝，就作揖告别而去。齐桓侯见扁鹊远去，微笑着对左右大臣说道："医生大都贪恋名利，都喜欢夸大事实，只会把没病的人当作病人来治，达到显示他们本领的目的。"几天后，扁鹊再次见到齐桓侯，观察一番后，对其说道："大王的病现在已经到了血液中，如果不及时治疗的话，后果不堪设想。"齐桓侯脸色微沉，根本就不相信扁鹊的话。又几天过去了，扁鹊再次见到齐桓侯，经过仔细观察，对齐桓侯说："大王的病已经到了肠胃，如果再不治疗，将会有生命危险。"齐桓侯还是不听。当扁鹊第四次见到齐桓侯的时候，刚看了一眼，什么也不说就走了。齐桓侯非常纳闷，就派人去询问。扁鹊回答说："病在肌肤，可以用汤药治疗；病在血液，可以用针灸治疗；病在肠胃，可以用酒剂治疗；病在骨髓，则无药可救。如今齐王的病深入骨髓，已无法医治，所以我只能离开了。"五天之后，齐桓侯果然病重，这时才慌忙派人去请扁鹊，扁鹊早知齐桓侯无药可医，早早离开，齐桓侯也就因为贻误治病时机而死。

医生看病，一般都通过望、闻、问、切等四个方面来诊断，扁鹊为齐桓侯看病，用的就是望字。

望、闻、问、切是中医用语。望，指观气色；闻，指听声息；问，指询问症状；切，指摸脉象。合称四诊。

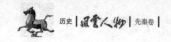

当然，扁鹊在其他三个方面也非常厉害，尤其是切脉，可以说是由他创立的。有次他路过晋国，听说晋国相赵简子不知为何突然晕倒，就赶到赵简子府上。赵简子妻子听说扁鹊前来，赶忙将其请入房中，扁鹊来到赵简子床前，手指轻轻搭在赵简子的脉搏上听了一会儿，对其妻子说："你不用太担心，他没有什么大碍，三日之内肯定会苏醒过来，到时你只需喂他喝些米粥就好。"果然如扁鹊所言，赵简子在第二天下午就醒了过来。司马迁曾说："至今天下言脉者，由扁鹊也。"

扁鹊还擅长用针灸、按摩等方法来救治病人。一天，扁鹊到虢国游历，虢国太子恰好身患怪病，昏迷不醒，国君认为太子已无救，就将国家大事撂在一旁，在全国范围内为太子祈福。扁鹊听说后，找到太子中庶子（专门负责侍奉太子的人）问道："太子得的是什么病？"中庶子答："太子似乎是中了邪，突然就晕倒不省人事了。"扁鹊想了一会儿，对中庶子说："我能救活太子，你快去禀告君王吧。"但中庶子认为扁鹊是个骗子，故意不去通报，还讽刺说："你又不是神仙，大王身边的太医都认为无药可救，怎么还可能活过来呢？我看你是想出名想疯了吧。"

扁鹊听后，非常气愤，便对中庶子说："你真是井中之蛙，不知道天有多大。实话告诉你，我为病人看病，在没有望、闻、问、切之前就能说出病人发病的部位。你要是不信，可以进宫看看我下面说得对不对，太子的鼻翼现在扇动不已，且他的大腿根还是一片温热。"

中庶子大吃一惊，原来扁鹊所说的症状一丝不差，这还是扁鹊没有见到太子的情况下。中庶子知道自己终于碰到神医了，便低头向扁鹊道歉，随后急忙向君王禀报。虢国君王闻讯，亲自出宫迎接扁鹊，说："我早就听说过先生的大名，只是先生行踪飘忽，很难见上一面，如今先生现身，看来我儿子有救了。"虢国君王说着说着，流出了眼泪。扁鹊说："大王不必伤心，太子并没死，待我为他扎上一针就好了。"随后，扁鹊在虢国君王的陪同下进宫去见太子，他向太子的百会穴扎了一针，不一会儿，太子就醒了过来。此后，中原人都知道扁鹊有"起死回生"之术。

▲ 扁鹊切脉图

上述事迹表明，扁鹊医治病人的方法已经非常丰富高超了。可以说，扁鹊为我国传统医学诊断法的研究奠定了基础，为此，司马迁曾盛赞扁鹊："扁鹊言医，为方者宗，守数精明，后世修循序，弗能易也。"

◇受人嫉妒　惨遭杀害◇

战国时代，巫术盛行，上至君王，下到老百姓，都信巫术，而对于治病救人的医术却不信任。扁鹊为了捍卫医学，曾将生死置之度外。当时，秦国秦武王身染重病，命令太医李醯为其治病，李醯向来喜欢装神弄鬼，却无真才实学，当然治不好秦武王的病。最后，秦武王请扁鹊前来，扁鹊来到宫中后，却遭到了李醯等人的百般劝阻，扁鹊气不过，向秦武王说："大王请我来为您看病，却又纵容一些只会装神弄鬼的家伙从中捣乱，如果你在治理国家上也这样的话，到时候秦国肯定因此而灭亡。"秦武王这次让李醯等退下，请扁鹊为其治病。扁鹊看了看秦武王的气色，摸了一下秦武王的脉搏，随后开下一副药，让秦武王喝下。不到半天时间，秦武王的病就彻底治愈了。秦武王大悦，称扁鹊为神医。

然而，扁鹊这么说却惹怒了太医李醯。太医李

▲ 河北内丘扁鹊庙

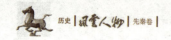

醢嫉妒扁鹊高明的医术，便生了杀心。当他得知扁鹊出宫后，便派出刺客前往刺杀扁鹊，扁鹊未加防备，最终死于刺客之手。

扁鹊死后，人们为了纪念他，便在曾经留下过他足迹的地方建筑庙宇，以香火供奉，并在庙中题诗一首，来怀念这位伟大的医学家："昔为舍长时，方伎未可录。一遇长桑君，古今皆叹服。天地为至仁，既死不能复。先生妙药石，起虢效何速！日月为至明，覆盆不能烛。先生具正眼，毫厘窥肺腹。谁知造物者，祸福相倚伏。平生活人手，反受庸医辱。千年庙前水，犹学上池绿。再拜乞一杯，洗我胸中俗。"

■历史评价 ▎

扁鹊一生云游天下，为无数患者解除疼痛，并在医疗实践过程中，总结出"望、闻、问、切"四诊法，为我国传统医学的发展奠定了重要基础，对后世医学的发展产生了深远的影响。因此，医学界尊称扁鹊为中国传统医学的鼻祖。

■关系图谱 ▎

千年都江堰的水利工程师

李冰父子

■ 名片春秋 |

李冰（生卒年不详），今山西运城人。战国时期的水利专家。秦昭王末年时为蜀郡（今成都一带）郡守。在任期间，在岷江出山口兴建了都江堰工程，为成都平原成为"天府之国"奠定了坚实的基础。

■ 风云往事 |

◇治水思策　筑都江堰◇

公元前 316 年，秦国灭掉了位于今四川西部的蜀国并将其纳入秦国版图，易名为蜀郡。约公元前 256～前 250 年期间，李冰被秦昭王任命为蜀郡郡守。李冰上任后，了解了当地四季旱涝的情况，倾听了当地百姓要求治水的强烈呼声，决定进行大规模治水。

有了这个想法之后，李冰带着他的儿子二郎和当地几名有威望的农夫，沿着岷江地区进行实地考察，寻找治水的方法。

岷江发源于四川北部的岷山，是长江上游主要

▲ 四川成都江堰二王庙李冰父子像

▲ 四川成都玉垒山

李冰掘离堆，凿盐井，不仅嘉惠蜀人，实为中国二千数百年前卓越之工程技术专家。
——郭沫若

的支流之一。岷江上游山高谷深，水势湍急，行至下游灌县附近，由于地势平坦，江水携带的泥沙就堆积于此，使河床抬高，再加之灌县城外有一座玉垒山挡住了岷江东去的道路，故而，每年春季积雪融化时期，岷江两岸水涨的很快，将当地的庄稼、房屋、来不及逃走的人吞没。加之岷江流域地形又非常特殊，常常是西岸一片泽国，东岸土地龟裂。这样的灾情，几乎年年发生，当地百姓深受其苦。因此，制服岷江，变水害为水利，就成为蜀郡百姓的迫切愿望。

经过考察，李冰父子了解了岷江的水势和当地地形后，初步规划了一个治理的方案

李冰决定在玉垒山上凿开一个缺口，让岷江水分流一股到山之东，这样就可以分洪减少西岸之涝灾，又能解除东岸的旱情。

李冰率领当地百姓开始凿山。当地民众积极参加，热情高涨。由于玉垒山的石质非常坚硬，凿山工作费时费力。若用传统的方法开凿的话，就会大大降低工程的进展速度。李冰采纳了当地石匠提出的办法：在岩石上开一些槽，槽中填满干草树枝，点燃之后再趁热泼浇冷水，从而使岩石爆裂。以此法实施后，玉垒山上很快就出现了一个20米宽的山口。由于山口形若瓶口，故当地人称之为"宝瓶口"。

玉垒山开凿成功后，百姓奔走相告。洪水到来的时候，当地人们争相跟随李冰跑到山顶上去观望。李冰发现，宝瓶口地势太高，流入的江水并不多，

与当初的设想效果相距甚远，洪水来时，西岸仍会发生水灾。李冰就想到了筑堰的方案。

李冰将筑堰的地址选在了离玉垒山稍远的江心地带，将岷江水在玉垒山前分成两股，其中一股流入宝瓶口。

在当时，在江心中筑堰可谓困难重重。李冰父子最初采用了向江心抛石的方法，但却以失败告终。因为水流湍急，投入江心的石头不是被冲走就是被冲得偏离位置。李冰放弃了投石计划，再次与儿子一起走访考察，以期找到更好的方法。

在一条小溪边李冰父子见到了几个洗衣的妇女。她们为了聚深泉水，有的将衣服放入篮子里，有的则在竹篮内放上一块竹席头，再装上石头来阻住水流。妇女洗衣拦水的行动给李冰父子很大启发，想到了用大竹笼装石头的方法。

李冰回去后，发动百姓砍伐竹子，派人编织竹笼，开始做用大竹笼装石头筑堰的试验。这次试验非常成功，一个个装满石头的大竹笼稳稳地沉入了江心，最后形成了一道狭长的分水堰。

作三石人，立三水中，与江神要。水竭不至足，盛不没肩。
——《华阳国志·蜀志》

岷江水终于被分成了两条支流。堰西的江水，流经原来的水道，被称之为外江。堰东的水，流经宝瓶口后，又被分成了大小不一的沟渠和河道，纵横交错，组成了一个扇形水网，又通过长江流入了另一支流沱江，人们称之为内江。水堰前端指向岷江上游，远望之，极似鱼头，故被命名为鱼嘴；水堰两侧修建了江堤，临近内江的被称为内金刚堤，临外江的被称为外金刚堤。

水堰修成之后，李冰给它起了个名字都安堰，后来，又更名为都江堰。

为了进一步加强水堰的分洪减灾作用，李冰又修建了平水槽和飞沙堰。平水槽位于鱼嘴尾部和飞沙堰之间，用于调节内江与外江的水量。飞沙堰位

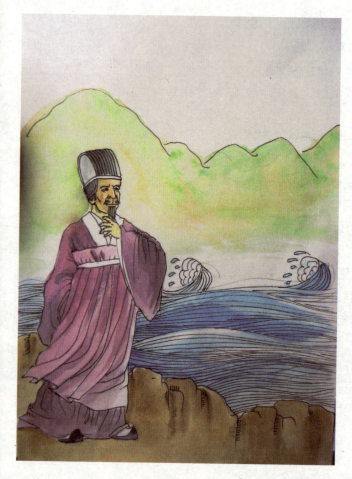

▲ 李冰治水图

于宝瓶口对面，堰顶比岸堤稍低，洪水季节，若内江水量过大，过量之水便可经飞沙堰流入外江，避免了内江灌溉区遭受水灾的出现。

如果按照现代水利工程理论来看的话，飞沙堰是滚水坝，而宝瓶口则具有节制闸的功能，这两个工事有效地控制了分水的流量。

都江堰是我国历史上第一次采用中流筑堰形式的水利工程，意义重大。

◇深滩低堰　川祖美名◇

都江堰修好之后，在防洪与灌溉方面发挥了非常重要的作用。李冰在考察了都江堰之后认为，要想彻底消除岷江水患，还要解决泥沙沉积淤塞河床的问题。于是，他就制定了"深淘滩，低作堰"的岁修原则与方法。"深淘滩"的意思是要将淤积在江底的泥沙淘挖的干净一点。为了做到这一点，李冰专门请石匠做成石犀，将之分别埋在内江与外江中，以之作为淘滩深度的标准，要求每年挖泥沙时要见到石犀为止。"低作堰"是指飞沙堰堰顶要比岸堤低一些，以免出现泄洪不畅的情况。

李冰又集中群众的智慧，集众人之力＋采用杩槎截水断流之法，来淘滩和修堰堤。杩槎是用竹索将三根大木桩绑成的三脚架，将一个个杩槎排放置江中，上面压上装满石头的大竹笼，又在迎水面绑上竹席，抔上沙石和黏土，形成一道临时拦水坝，挡住洪流。每年从霜降开始，在外江进水口节水断流，让外江水流入内江，再挖出外江河道淤积的泥沙来整修堤坝。立春时，完成外江岁修，再把杩槎移至内江进水口，让内江水流入外江，然后再挖出内江和灌溉渠水道中淤积的泥沙，进行平水槽和飞沙堰的维修。至清明前后，全部整理修缮工作完成，而后再根据内江的需水量，逐渐拆除杩槎，放水灌溉。都江堰建成后，消除了岷江流域的水患，同时也方便了航运。水流平稳了，江上的船只可以自由航行，岷山上的木材也能源源不断地运出蜀郡，这对当地经济也起到了促进作用。当时，都江堰灌溉的农田面积达 300 多万亩，彻底地改变了成都生产落后的面貌，将原本的水旱灾区变成了"水旱从人，沃野千里"

▲ 四川成都二王庙

的富饶粮仓，也为蜀郡换回了"天府之国"的美称，同时也流传下了"四川粮，天下尝"的谚语。

李冰父子在蜀郡通过修建都江堰，主持疏通洛水、沱江、青衣江，以及修筑桥梁、开凿盐井等工程，为蜀郡的百姓创造了良好的生产和生活环境。

▲ 四川成都都江堰

至今，四川百姓还受着李冰父子的恩泽。因此，几千年来，四川人民都非常尊敬地称呼李冰为"川祖"。

为了纪念这两位伟大的水利工程师，蜀郡人在

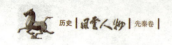

都江堰的东岸修建了一座"二王庙"。庙内有李冰父子的塑像，高达数米。二王庙已经成为当地的名片吸引着众人去参观。现在，到四川旅游的人几乎都会到二王庙里去参观，来缅怀李冰父子在蜀郡建立的丰功伟绩。

■历史评价 |

都江堰建成于两千多年以前，但其规划、设计和施工对今天的建筑仍具有很高的科学价值。它在中国古代诸多水利工程中具有很高的地位，同时也是世界上罕见的奇迹。都江堰的修建，是中国人民集体智慧的体现，而李冰父子，则是这智慧的化身。

■大事坐标 |

约公元前 256～前 250 年　李冰被秦昭王封为蜀郡郡守，与子二郎治水

■关系图谱 |

李冰父子

君臣

秦昭王